FUTURE

FUTURE

FUTURE

FUTURE

The Astrological Moon

占星學中的月亮

倫敦占星學院、英國占星學院客座導師

達比‧卡斯提拉 *Darby Costello*———著

陳燕慧、馮少龍———譯

探討月亮主題最透徹且深入的占星參考書

謝辭

對於參加倫敦研討會的同學，我要說的是：在過去的這兩年期間，我在其他地方及國家舉辦過月亮主題的研討會，一些資料已經重新整合，並被納入此研討會的紀錄中。布莉琪・貝爾格雷夫（Bridget Belgrave）就如同水星摩羯座及水瓶座的朋友一樣，對我助益良多，透過我們徹夜不眠、熱絡的電子郵件往返，幫助我將意識流落實為文句與段落。此外，我也衷心感謝泰迪（Teddy）、朱爾斯（Jules）和史蒂芬（Stephen）。

二〇一七年再版更新：我衷心地感謝麗茲・格林（Liz Greene）最初鼓勵我寫這本書，讓我有機會於一九九六年由倫敦心理占星學院出版社（The Centre for Psychological Astrology Press）出版。更感謝黛博拉・克拉茲（Debra Kaatz）於二〇一七年的意願及熱情，讓這本書再版；感謝托尼・霍華德（Tony Howard）的慷慨，終於讓此書於二〇一七年完成，並由渡鴉夢出版社（Raven Dreams Press）出版修訂版。

中文版新序

靜夜思

李白

床前明月光
疑似地上霜
舉頭望明月
低頭思故鄉

　　很高興這本探討月亮主題的書被翻譯成中文，非常榮幸布萊恩能夠翻譯，並由商周出版社出版。當我二〇一二年來到中國時，非常喜歡我們在各堂課上所進行的討論，特別是關於月亮主題；在文化方面，我們早期的家庭生活經驗如此不同，從眾人的交談中我學到了很多東西。

　　多年來，我每天都利用早茶時間閱讀八世紀中國詩人的詩：杜甫、李白和王維，在思考為月亮這本書新譯的中文版寫一段簡短的序文時，我正坐我的詩集旁邊，並隨意翻開了其中一本——而這首就是當時映入眼簾的詩，它似乎如此完美地揭開此書的序幕，在任何時

代、任何文化中遠離家鄉的人們，都會認得此詩的情感。星盤中的月亮反映的是一個人的情感本質，它是家（通常是個人的母親），最先激活了星盤中本命月亮所描述的情感本質。身為占星師，了解星盤中的月亮是非常重要的，這樣我們才能夠理解自己如何汲取早期的家庭經驗、以及在後來的人生中對於親密愛人自然產生的期望。

自我們出生的那一刻起，月亮在星盤上開始運行，隨著它在星座和宮位上的推運，我們的感覺自然地發展其經驗領域。到了大約二十七歲左右，我們可能已經感受到了人類（也許還有動物）體驗情感、情緒的所有方式；而我們的靈魂將再次展開它的情感旅程，但這一次，如果我們留意，將會得到更大的覺知。在大約五十五歲時，我們將再次踏上這段月亮之旅；並在八十二歲或八十三歲左右再度啟程。我們越加察覺二次推運月亮，就越有機會駕馭自己的情緒，而不只是被徹底淹沒，或是在強烈的恐懼之下壓抑它們。

我希望透過這本書的閱讀，你們可以在生命旅途中找到心靈和靈魂的滋養，我希望你們能夠看見自己的情感如何以非常特殊的方式將自己與他人聯繫起來，以及如何利用更加滿意自己和他人的方式來發展這些情感。如此一來，無論你身在何處，都可以在自我領域和現實世界中隨遇而安。

達比・卡斯提拉
二〇二二年二月

目錄 CONTENTS

第一部
月亮的資源
The Moon as Source

塞勒涅（Selene）①：希臘月亮女神，布呂戈斯畫家（Brygos painter），
瓦爾奇（Vulci），公元前 490 年，
柏林國家博物館（Staatliche Museen zu Berlin）。

　　此研討會於 1992 年 7 月 26 日假倫敦攝政學院（Regents College）舉行，屬倫敦心理占星學院暑期研討課程的一部分。

引言

早安，今天我們要探索占星學中的月亮主題。我認為可以這麼說：在所有天體中，月亮具有最深刻的想像力。我的意思是，相較於其他占星行星，有更多的故事是在描述月亮是誰？它是什麼？它代表什麼？它在我們的神話、甚至是真實人生中扮演的角色？至少三萬年以來，它以非常實用的方式記錄著女性的生理週期；因此，它與女性的存在息息相關，而大多數從月亮所衍生的神話及傳說也是與女性有關。不過也並非皆是如此，在某些地方它也關乎於男性以及垂死復活的神像，即便如此，它還是讓我們回到最終將被看見的女性主題。

以下是我今天的課程規劃。我會以一般的方式討論月亮，這只是為了延續我們的想像力；然後我再從占星學的角度去探討它，因為它表現了我們最初的生活經驗，它無可避免地與母親產生關係，她養育了我們——最初是在子宮裡，然後是在她懷裡——或者更確切地說是進／出她的懷抱。然後，我將引導大家想想自己的月亮，因為它表現出我們與他人及生命之間的親密能力——以它所有的表現與生命產生關係。**月亮反映了我們與生命之源的聯繫，透過對它的理解，可以發展我們與靈魂之間的關係。**

接下來我會討論二推月亮，看看我們能夠討論到什麼程度，我想透過對它的了解，告訴你們可以如何體驗生命的某些層面、情感及靈魂的發展。身為占星師，你可以運用其象徵符號追溯自己從生物、人類到靈魂的發展，直到個人可以看見時間與永恆之間的間隙，並且可以從中汲取養分，而不是被它驚嚇及扭曲。

對於現代心理占星師來說，月亮與養育有關，它訴說你們透過自己的母親所體驗到關於身體和情感的滋養。月亮也反映了過去，因為它在星盤中是一種容器的象徵，它收集了我們所有的日常經驗。月亮集結並掌握發生在我們身上的一切；它的星座、宮位和相位告訴我們它的收集方式，因此它訴說著與記憶有關的事物。月亮也描述了我們如何體驗與所有生命建立關係的方式，它說明了我們如何體驗普遍人性，為了生存我們都需要某些基本的滋養方法，為了那些基本需求，我們都擁有接收器。月亮展示了我們如何獲得生存所需的基本養分，當我們在母親的子宮裡，以及後來在她（或母親的代理人）的懷裡時，她是最先提供這一切的人，所以月亮描述了我們與她的關係。

因此可以這麼說，出生盤中的月亮反映一個人所得到的養育（滋養）方式，之後是一個人所表現出來的養育（滋養）方式。也可以說，它描述了從一開始——子宮時期，便已經建立起來的日常生活習慣模式和節奏，不斷在你生命之初的幾個月和幾年之間與母親的關係中一再被強化。現在，我想從中推衍的是，這種與母親之間的經驗以及很早就建立起來的日常生活節奏和習慣，是如何成為靈魂的發展

基礎。你們可以看看你們的本命月亮，再看看你們的二推月亮，接著去追溯你們的靈魂發展，這就是我今天課程的方向——**月亮是一個人靈魂發展的起點，而二推月亮作為導航工具，是一種象徵符號，是可以追溯靈魂之旅的內在象徵。**

同學：達比，你如何運用「靈魂」這個詞呢？它的意義是什麼？你是否是從基督教的觀點去使用它？

達比：我所說的靈魂，是指我們在非物質層面的理想境界——也就是上帝、眾神或永恆，相對於物質、世俗領域、我們的俗事、在這個時空中我們最重要的事情，兩者之間的隱喻。就這層意義而言，靈魂是介於精神與物質、看得見與看不見、直覺性的永恆境界與肉眼可見的世俗現實之間；而這種個人靈魂是我們通向被稱之為 Anima Mundi 或「世界靈魂」的入口。

　　文字既觸動現實又歪曲了它，不是嗎？但今天我想要以檢視月亮與母親為開端，這反而引導我們回歸並邁向永恆的現實，而這永恆的現實也可能被稱之為「母親」——母親作為生命的本身，是她孕育我們成為靈魂，體現於時空中，並且保護和珍視我們的內在精神。本命盤中的月亮描述著我們如何接受生命養分的經驗，而最初是透過母親。這份關係發展了日常生活習慣和節奏，我們透過它為自己和他人尋找及提供營養。我們透過這種給予和接受與他人建立關係，並且經由我們的連結而與生命本身產生聯繫、穿越時間直到永恆。所有這一

切都來自於月亮，並且由二次二推月亮所代表發展的可能性，隨著時間顯現出來。

　　今天早上的課程中，我們將檢視本命月亮，我們會想起許多從神話及心理占星的發現中所知的月亮。我們將談論月亮所座落的位置、宮位以及它與其他行星的相位，我們將重新收集與月亮的相關資訊。

　　對於我們早期的祖先來說，在意識中，月亮可能比太陽更具意義，因為它擁有更大的光並且以週期性的方式照亮了夜晚。太陽占有日間的一大部分，你可以說它就是整個白天；而月亮有它的節奏，我們所有的夜間活動都由它的陰晴圓缺決定。獵食活動當然必須仰賴月亮所處的階段，夜晚的安全性取決於月相，而當我們有所覺察時，便可以清楚看到它與女性月經週期的關係。

　　但是讓我們試著想像一下，如果沒有月亮，生命會怎樣？地球會變得非常怪異、非常不同，我們將與太陽共度一天──而不會有任何變化；在世界不同的地方，可能會有不同的太陽密度以及光與熱，就像這個當下。但夜晚呢？夜晚會是什麼樣子？完全沒有光，什麼都沒有，只有黑暗。

同學：除非是在城市裡！

達比：是的，但是會有城市的出現嗎？如果沒有月亮，生命會產生相

同的演化嗎？讓我們想像一下如果沒有反射光，生命將會有不同的演化——沒有事物可以教我們反映及思考，因為在我們擁有基本自由、能夠在心中開始反思事物之前的這幾千年以來，沒有月亮在天空中反映太陽的光芒。請記住，據我們所知，直到大約一萬或兩萬年以前，地球才如同現在一般演變為友善環境，最後的冰河時代才在公元前九千年結束而已，如果我們要以藝術表現——例如：洞穴壁畫、骨頭以及角雕來判斷，我們都知道，直到大約公元前兩萬年以前，人類才開始擁有許多思考空間。

星星仍然會在那裡，每一夜我們都會有浩瀚星子與夜空相對，夜晚會有星光點點的黑暗，而白日充滿光亮，兩者之間沒有其他的中介星；從黑夜到白天，夜以繼日，生生不息，年復一年，黑暗與光明不斷更替。

這種鮮明對比的特質相當驚人，因為我們居住在有一顆衛星反射著太陽光的星球上。從某種意義上來說，夜晚是產生反射之處。如果沒有月亮，我們會不會成為不會反思的人？當沒有月亮，而星光也不是反射光，我們是否會反省生命？我們的意識有多少部分是取決於月亮存在的這個簡單事實——也就是在夜空中的這一顆中介星，以其陰晴圓缺反映著太陽？任何住在遠離城市以外一段時間的人都知道，月亮在各個階段所展現的力量，無論是從實際以及情感、精神層面的觀點來看，月亮與太陽的關係都是瞬息萬變的。

　　在早期文化以及現今尚未工業化的地方，月亮的力量是巨大的，在那些沒有電的地方，月亮掌控著整個夜晚。發生在月黑之夜的事，永遠不會發生在滿月之時；隱密的行動發生在暗月時分，一旦太陽落下之後人們就不出遠門了，除非是有隱藏的理由。滿月是慶祝和夜生活的時刻，此時是表達情感的時候，這些情感無法在灼日炎炎中表達，也無法在暗月時分被感覺到或表現出來。滿月時出現的情緒不會顯現在其他時刻，任何一個生活在非工業化社會中的人都明白這一點。

　　即使在我們這個現代社會，還是遺留著這樣的知識，我曾在新英格蘭的一家精神病院工作，當時我還在大學攻讀心理學，在大三升大四的那年暑假，我在那裡打工。在滿月期間，他們增派了更多的工作人員並且給病人更多的鎮靜劑，我們曾說我們自己也需要吃藥，才能夠在滿月時處理病人。

同學：最後一句話讓我想問這是不是發生在二十世紀的六〇年代？

達比：好吧，讓我們來想想……

同學：據說警方在滿月時預期會有更多麻煩而增派更多警力，但想一想，這很奇怪，因為你們會認為可以隱匿犯罪的月黑之時，才會有更多罪犯出來行動。

達比：是的，很奇怪，不是嗎？但我認為這些意料之中的麻煩更與滿

月所引發的情緒失控有關──也就是釋放情緒、擺脫限制。我們知道
那些生活缺乏自制力的人在滿月時往往會變得更加瘋狂。

那些星盤中月亮強勢的人，也許是月亮在水象星座或是這裡大部
分巨蟹座的人可能都承認滿月之於情緒的力量。當滿月時，你不一定
會跑到外頭去砸東西，卻會有充分的營養、滿足，在生活中宣洩你的
情緒；而隨著它的流轉及陰晴圓缺，你們月亮人當然知道此種月亮的
力量。

在我們的文化中，月亮長久以來都是關於生活中非理性的那一
面，而很長一段時間，非理性一直被認為是不好的、危險的，要不惜
一切代價避免。我們在 lunatic 這個單字中知道這層含義，《牛津英
語大辭典》將這個字翻譯為：「瘋狂，源自於月亮變化所引發的一種
間歇性精神錯亂」；還有我喜歡的一個附加句子：「在過去的法律
中，這種心理上的缺陷影響到公民權或事務」，所以精神錯亂是干擾
土星領域的癲狂。另外，你們知道嗎？曾經被稱之為「精神疾病鑑定
專家」的人，他們是「法律官員，有責任鑑定被指控為精神失常之人
的精神狀況」。而後，時至今日我們有了「狂熱份子」這個詞，關於
這一點，很多人可能會把在這裡討論這一切的我們都歸於這一類。

有一些是美國印第安部落婦女的故事──是蘇族（Sioux）嗎？
他們讓女性族人統一在滿月時月經來潮，這件事並不像聽起來那麼荒
謬，如同任何一個曾經住過宿舍或是與其他女性同住過公寓的女生都

知道的那樣，有時候妳們調整到某一種程度時，會有相同的經期。剛開始住在一起，妳們都生活在自己身體的節奏中，但隨著時間的推移，似乎就會互相調整，直到大家都在相同的節奏中。還有在非洲的故事中，某些部落會將月經期間的女人隔離開來，他們在此期間會待在河邊的單獨小屋中。不知道這是不是真的，我沒有遇到過這種部落，但我可以想像這種情況，這聽起來不就是一個好主意嗎？

同學：男人和女人終於可以達成共識！

達比：是的！很多人都知道，我住在南非時，是在「人類與科學博物館」（The Museum of Man and Science）工作。館長有一支小的、有缺口的象牙棒，據說已有將近三萬年的歷史，它被稱之為日曆棒。看過它的考古學家和人類學家說這是一支女性的月經日曆，因為它上面有二十八個小刻痕。這二十八個刻痕被劃分為七等分，而第十四個刻痕特別深，他們說這絕對是婦女的陰曆，而對於我來說，這說得通。我拿著它，想像一個隨身攜帶著它的婦女，上面用一支草綁著，這樣她就可以每天向上移動一格，我想像著她身為遷徙部落的族人，這可能是她自己做的或者別人替她製作的。

　　但讓我們來看看詞源學，我的錢伯斯詞源字典（Chambers Etymological Dictionary，1947 年版）上說：「月亮（Moon），是圍繞地球旋轉的次級行星或衛星」，它同時也是另外一個詞「月份」（month），它也被解釋為一種「測量」，然後附註為「時間」的測

量。它說 Moon 這個詞來自於字根 ma，意思是「測量」之意，在所有的日耳曼語、盎格魯撒克遜語、斯拉夫語、還有拉丁文、希臘文和梵文皆是如此，拉丁文是月份（mensis）的意思；所以 Moon 是月亮、測量、月經、月份。

這支日曆棒提醒我們，女性和月亮早在我們有意識之前一直是相互連結在一起的，月亮的階段對女性而言意味著某些事物，某些非常實際的東西，這是展開隱喻、象徵符號的方式之一。慢慢地隨著年齡的增長，月亮和女性週期在想像之中密不可分，使它們成為彼此的一部分，一道橋樑建立在它們之間，而這些橋樑、隱喻，引領我們進入了神話之境。

---

① 塞勒涅（Selene）：希臘神話中的月亮女神，或譯賽琳娜、塞妮涅。

第 1 章

月亮的神話

Lunar Myths

天空之后——月亮。
（十七世紀學者——阿塔納修斯・基歇爾〔Athanasius Kircher〕）

　　許多其他因素引導我們創造神話，但天上之月懸掛於地球與浩瀚無垠的太空之間，以其獨特方式向我們反映太陽的光芒，而這似乎是最強大的方式之一，讓我們有一種想要了解模式、解釋自我，提醒自我，記住事物的傾向。女性的月經週期與月亮有關，當月經停了，女人的身體逐漸豐盈而至圓滿並生下孩子；她的身體再次縮小，月經再次來潮，然後她再次懷孕，整個過程持續不斷——至少在科技尚未發達的社會，無法完全掌控生育的時期。而她並非是月亮本身，是脫離它、再經由月經與之連結，從很早之前開始，月亮與女性及母親便已經產生連繫。

月亮女神與沉睡中的恩狄米翁（Endymion）。（羅馬馬賽克，突尼斯巴杜國家博物館〔Bardo National museum〕）

女神

　　大多數在地球上留下痕跡的文化中，月亮都與女性和母親有關。某些時候男性與月亮也有關聯，但這極為罕見也非常有趣。在這些情況之下，母親是太陽——即不變的永恆，而她的隕落，使她的兒子／伴侶復甦——也就是月亮，死亡、出生、擁有力量，然後再次死亡。但是絕大部分，我們知道月亮就是女神，我們熟悉希臘的塞勒涅（Selene）、阿緹密絲（Artemis）① 和黑卡蒂（Hecate）以及羅馬的黛安娜（Diana）；印度則有與月亮有關的夏克提（Shakti）② ；在中國還有我不瞭解的觀世音；在西非有瑪雅（Maya），順便一提，也就是「人魚」的名字，所以她同時是人魚和月亮女神；在埃及則有偉大的女神伊西斯（Isis）③ 。

　　在許多文化中，盈月、滿月和虧月有不同的名字：盈月是少女，但她在不同的文化中有不同的名字；滿月是有生育力的女性，有孩子而體形豐滿；而虧月是老太太、巫婆或有智慧的女性。

月亮與死亡

　　榮格在《轉化的象徵》（*Symbols of Transformation*）中認為：月亮是逝者靈魂相聚的地方。喬瑟夫・坎伯（Joseph Campbell）④ 將早期對於偉大之母、死而復甦的牛神崇拜與失去光芒、消失、然後三日之後再現的「角月」做連結，他指出了月亮永恆的瞬息萬變與我們對於

某種死而復生的信仰之間的聯繫。

在早期，月亮和死亡之間有很強的聯繫，但它並不是我們線性意義上的死亡——不是指向什麼都沒有了的死亡，而是月亮與太陽之間的關係所表達的死亡——也就是新月、滿月、虧月的循環，以及暗月之中光線的消逝。死亡是新生命誕生之前、萬物回歸的領域，死亡是通向新生命的大門，這是死而復活之神進入的連接之地。在吠陀經中，死者的靈魂回歸月亮，被母靈吞噬；對於特羅布里恩群島（Trobriand）的島民而言，月亮則是關於食用死人的女巫。

同學：對於中國人而言呢？

達比：我不知道對於中國人而言是如何，我只知道名字，但不知道故事，你們知道嗎？在瑪雅人的宇宙論中，月亮／母親被稱為食人獸（Maneater），在這裡是相當貶義的詞。貫穿畢達哥拉斯（Pythagoras）的思想及其學派的奧菲斯（Orphic）⑤之謎中：月亮是死者的家，它是一道女性之門，靈魂穿過它走向天堂般的星際。

同學：妳可以再解釋一下嗎？

達比：我稍微解釋一下，畢達哥拉斯生於公元前六世紀，他可能受到埃及宇宙論很大的影響，他的講學、學派，似乎圍繞著神祕或祕密；他同時也是觀察自然界及其規律的哲學家與神祕主義者，其目標

是將個人靈魂帶入更寬廣的靈魂中。他非常吸引人，因為我們無法直接聆聽他的講學，其學說融入並滲透在其他領域中，學者們喜歡挖掘、試著搞清楚他們的研究。我記得在學校時，我們學到關於畢達哥拉斯的是與三角形有關的理論。

同學：他不吃豆子。

達比：他可能也在管弦樂隊中演奏三角鐵。

達比：我怎麼感覺到教室裡有一股騷動呢？他研究的是球體音樂——音樂和數學所表現的宇宙和諧。他的講學圍繞著大量儀式，很多儀式都是關於死亡、瀕死以及回到星球的死亡之路。

要回到星球，你必須穿過月亮，月亮是我們到達太陽和星星的中介，它反映了太陽的光，是我們自己的衛星，以其瞬息萬變、永恆之光吸引著我們的目光、提升我們的意識。它讓我們抬頭仰望並凝視夜空，留意到星星圍繞著我們流轉，並開始注意到世界的變化與永恆。

月亮與身體

讓我回到我們的身體和月亮，各種科學謠言告訴我們，月亮階段改變了大腦的電脈衝，你們可以每個月用相同的電極測量，電脈

衝隨著月亮階段而變化。一位朋友去年春天寄給我一篇蘿拉‧布墨（Laura Boomer）於《選擇》（*Options*）發表的文章，她引用了在不同時間所作的大量研究，顯示月亮對女性經期的影響，其中，在本世紀上半葉德國有一項研究指出，女性在新月或滿月時期比其他時候更容易排卵或月經來潮；此外她也注意到現代對於女性月經週期的研究面臨相當大的困難，因為無處不在的燈光。我最近聽說科學家們想要藉由控制實驗，試圖了解女性月經，卻遇到很大的挫折，他們透過現代研究，試圖觀察自然的月經週期，但是他們面對的是我們現今的世界，光影響了荷爾蒙，生活在人工照明社會中的女性造成不自然的節奏，這不是很有趣嗎？

天王星掌管電，它是第一顆被發現的外行星，對於有月亮／天王星相位，特別是強硬相位的女性來說，我們都知道其月經週期會遇到某種尷尬階段。他們自然的月亮生活是從與母親、身體、女性身分的關係中展開，而這些關係從一開始就令人感到不安。母親與嬰兒之間的自然節奏很早就被破壞了，而身體和情緒的自然節奏也都被干擾，這些相位需要有覺知的加以突破，這就像是被逐出家園，當然有一種失落感，但不可避免地會開創出一個全新的前景，藉以推動群體前進。

月亮／天王星相位的女性切斷了與自然的月亮生活之間的關係，促使她們走出另一種月亮經驗的層次。月亮與外行星的相位使我們被放逐，並驅使我們與新形態的意識結合，就像被流放的人一樣必

須在不同部落的新土地上找到家，這些流亡者改變了，而他們所落地生根的國家也是。

　　但是我想知道的是，你們認為我們是突變體嗎？我有時會想，當他們回顧幾個世紀之前，是否會說人類在一七四六年發現天王星期間到一九七七年發現凱龍星之間產生了巨大轉變。

同學：突變體無法繁殖吧，而我們似乎做得不錯。

達比：這是真的，好吧；也許我們比較不像是突變體，而是物種進化至下個階段的初期樣貌，某些東西正在人類的身體中發生轉變。

同學：這一天已經到來。

和諧轉換（HARMONIC CONVERSION）

達比：啊，是的，今天是和諧轉換的日子，這當然是慶祝此一潛在轉變的一天。

同學：你們在說什麼呢？

達比：聽說它標示著一個透過科技、地球上的每一個部分皆與其他部分產生連結的時間點。

它標示著驟變完成的一個點，現在我們已經完全連結，地球上再也沒有人煙不至的地方，也沒有更多未被發現的部落、鳥類或物種，我們與地球上的每一個居民皆產生了關聯。

同學：這是好、還是壞？

達比：我不確定這些敘述是否適用，雖然我認為很多人對於正在摧毀自然界的這些變化似乎感到恐懼和悲傷，我們無法擺脫這些悲傷、憤怒和恐懼，但現在有一種說法是：我們實際上是逐漸演化成某些不同的東西，而這些不同的東西將改變我們彼此以及與地球之間的關係。如果回顧過去幾年科技的進步，這可能會讓人想像我們正面臨一種全新的、居住在地球上的方式。如果看看過去二十年裡地球所遭到的破壞，可以想像我們**必須**找到一個全新的、居住在地球上的方式。

和諧轉換是關於我們現在的意識與新的東西，也就是一種新的形態之間的交會。如同我所了解的，我們正朝向新的模式轉變，而今天是我們被打動的日子。隨著此種可能性，隨著正在發展的新意識型態，我們被新的模式所打動。

對於大多數的人來說，這發生在潛意識中，但是世界各地的人聚集在一起接受它，所以我在想，當我們回顧這一天，會記得什麼？今天我們在這裡討論占星學的月亮，但世界各地許多人在這一天正在冥想，因為他們相信在時間和永恆之間，某些重要的事情就發生在今

天。一個新的「概念」正在形成，而我們正在討論月亮，它象徵著我們化為肉身的入口，我們也將月亮視為占星學上的符號，象徵著從情感經驗至靈性生活的發展，因此，也許我們也身在其中，無論有意或無意。

自然節奏的干擾

看看那些月亮與凱龍星、天王星、海王星和冥王星有強硬相位的人，我們看見他們的自然節奏被干擾了，並以各種不同的方式脫離了本能直覺的生活。但我們也發現到他們的本質是努力去建立新的行為節奏，這些人必須換穿另一套與身體及靈魂有關的裝備，為其人際生活找到新的形式。如我們所知，與天王星、海王星、冥王星有強硬個人相位的人，也經常具有超越平凡的能力，並以這種方式擴大或加深他們的覺知，作為新可能性的基準。

當涉及月亮時，這種轉變必須發生在平凡的日常生活中，我們無法以平凡的方式生活，所以必須為自己尋找新的、更廣泛的、更深入的方式，這樣就可以重新與自己的身體及自我產生連結。我們必須找到能夠擴大或加深與生活產生關聯的儀式和慣例，當自然、本能直覺的生活已經失靈、無法滿足個人，那麼也就不再自然了。如果個人沒有被恐懼嚇到完全動彈不得，因而隔絕自己以外的所有事物，那麼月亮與外行星的相位可能會讓人更容易接受新的進化腳步。

　　隨著外行星對月亮的作用，產生一種超越個人層面的召喚，當然，月亮與土星或木星的相位也是如此，儘管它們不需要走出個人的範圍太遠。外行星與月亮強烈相互作用的人會以某種方式被驅使，在情感上超越了家庭、族群、城鎮、家的界線，他們一部分人是異鄉人，並不適合自然的族群生活，必須出走去接觸其他的異鄉人，他們更容易與那些被放逐的人而非跟隨自然節奏生活的人相處，也更容易與其他族群的人而非自己人生活。當這些人走出去相互產生連結，便會形成一種新的關係、建立新的「家庭」。這一切都是嶄新的，因為將我們連結在一起的科技仍然是非常新的方式，但正是這些「非自然月亮類型」的人們，形成了一個實驗場，產生新的可能性，因為他們無法在古老的、自然的節奏中感到舒適與安慰。

月亮與心智

同學： 月亮與心智有關嗎？我似乎記得是有關的。

達比： 心智的範圍如此之大，如果我們將「心智」這個詞當成是記憶庫，那麼月亮當然與心智有關。我們的月亮儲藏著發生在我們身上的一切，自出生以後所有的印象皆由月亮代表，月亮記錄著我們的經驗，如果沒有月亮以及它代表的一切，我們會得到經驗、事物，然後它們就消失了，了無痕跡。

同學： 當父母問：「我的孩子聰明嗎？」你會看月亮還是水星？

達比：當你們幫小孩看星盤時，無論探討什麼主題，父母都是這麼問的，不是嗎？但我很驚訝他們不是問：「我的孩子有哪一方面的天分？」畢竟這樣問似乎比較聰明，但是關於你的問題……

同學：你是月亮和水星都會看！

達比：對。因為月亮與水星不同的是，月亮代表自然心靈或天賦才智，而水星代表的是你收集資訊的能力，讓你在任何時刻知道所需要的資訊，並且在必要之時可以將它們表達出來的能力，或是難以清楚說明的障礙。

同學：月亮是理解吸收，水星是清楚表達。

達比：說得好。

同學：身體的大部分是水，不是嗎？

達比：最近我讀了米歇爾·奧登（Michel Odent）的《水與性》（*Water and Sexuality*），一本關於自然生產的書，他讓我想起了許多科學家用實驗證明水「具有記憶」，並且保留已不存在的結構痕跡，這是在水中製備順勢療法藥物的基礎。他認為人類是：「動態的液體結晶」，這是很美的比喻，不是嗎？非常符合月亮的特質。

　　但是，在我們總結這個特殊主題之前，讓我們先看一下 mind 這個詞的詞源，它來自拉丁文「頭腦」（mens）或是希臘文「意」（menos），也許也是自梵文的「意」（manas），他們都來自 man 的字根，意思是「思考」，你們有何想法？我的錢伯斯辭典說，「人」（man）的字面意義是「思考的動物」。

　　讓我們先將 man 這個字解釋為「人類」，好嗎？它指的是人類這個物種，而不只代表一半的人類——男人而已，這樣我們可以在沒有爭議的情況下繼續進行討論。我可以看出有些人有此爭議，因為詞源學引起了許多政治上的爭議。根據《劉易斯與肖特拉丁辭典》（*Lewis & Short Latin dictionary*），拉丁文 mens 這個詞，具有「心智、意向，心靈、靈魂——良知——智能、心智、理解、理智、理性、判斷、洞察力、考慮、反思」等意義；Mens 這個字似乎也與感官有關，神智不清（out of one's mind）也可以解釋為失去理性（out of one's senses）的意思；在羅馬，有一個稱為 Mens 的女神，她代表思想，六月八日是她的節日，所有的雙子座的你們請記住這個。

　　傳統上所有與思考、推論、辨別能力有關的詞皆與 mens 有關，我們現今可能會將所有這些意義與水星連結在一起，但正如劉易斯和肖特所言，mens 也是關於「心靈、靈魂」，而在此我們可以把月亮與心智放在一起，雖然 mens 的字根與月亮 Moon 無關，它也不是一個與月亮有關的字，但其中卻蘊含著心靈與靈魂活躍的智慧。

　　與月亮有關的心智，猶如一個掌管認知的中心，而靈魂是一個容器，裝載著所有發生自你的一切。為了要學習，你必須能夠記住吸收的東西，雖然這類的思考並非來自與月亮相關的詞彙，但是其定義自然而然地讓我們回到了月亮。我的意思是，**當我們要檢視一個人的學習能力時，你必須去看月亮**。與月亮無關的學習不會滋養你，你用水星收集資訊，然而卻是月亮帶來潮起潮落，吸收並且同化，使它們為你所有。

　　你透過水星接收事物，但它們並不屬於你，直到透過月亮，使它們成為你的一部分。當你復述聽過或讀過的東西時，這就是資訊；但是當你自己體會、整合這些訊息並表達出來時，便反映了你的月亮智慧。我們吸收、並使資訊成為一己所有的這種能力，可以配合收集資訊的能力，當你將資訊變成你自己的東西時，月亮便派上用場了。

　　這讓我提醒自己：從占星學的角度來看，為了實現你的目的、讓你的太陽發光發熱、成就你的天命，皆必須透過月亮才可以完成這一切，沒有別的管道。月亮是日常活動，是情感與物質生活的日常節奏，它提供了實現天命的基礎。我們透過太陽想像我們的命運，但卻是透過月亮體驗它以及生命中的存在。一些被記得的經驗，更多的是被壓抑於表面之下、靈魂深層的經驗累積，賦予了我們生存的形式和節奏。從實際的觀點來看，覺知需要無意識才夠成為覺知。

同學：這很實用嗎？

達比：是的！這是第九宮的實用性——關於生命的本質。例如，一個懂占星的客戶最近對我說：「我的太陽在第十宮，但我第八宮的月亮四分相海王星，而這顆海王星無法以持續成功的方式，讓我去處理我生意上的財務，它阻礙了我去實現第十宮的太陽。如果我沒有海王星與月亮的四分相，我可以達到我想到達的境界。」我說：「但如果你有認真的思考這個相位，它就不會是一種阻礙。因為夢想、徬徨或浪費時間在你實現命運的過程中至少占去一半。為了完成你的天命，你只能日以繼夜，透過你的日常活動、日常生活的節奏和習慣、透過你的月亮才能夠達成。」

傳統的月亮守護

現在來說一些傳統占星學。月亮守護婦女、女人、女性（這是我的書房中所有舊教科書中的描述——我喜歡這種敘述），月亮是屬於夜間的、寒冷的、潮濕的，冷漠的及豐富的，真正有趣的意象來自這些詞彙。我告訴課堂上的男性，將你的太太和女性朋友想像是屬於夜晚的、寒冷的、潮濕的、冷漠的及豐富的，很有意思，不是嗎？這些意象可以有力的深入感知，它們豐富而晦澀，超越了社會所接受的角色和想法。

月亮守護乳房和胃，男性的左眼、女性的右眼，守護著「大眾」，透過它與巨蟹座的關係，我們都知道這些意涵。它守護食品、廚房用具、烘焙和洗衣；它也守護淡水魚、航海和釀造。看看你

生活中的這些事情，看看你的月亮及其位置和相位如何描述你與這些事物的關係：你與雜貨店有什麼樣的關係？你用什麼樣的蒸餾器釀造你的啤酒？你釀造的啤酒可能就是你的太陽，但你的月亮是蒸餾器，它也告訴你它是哪一種蒸餾器。

月亮守護游泳、沐浴——它是在海、湖或浴缸中，你們說呢？你習慣泡澡還是淋浴？你是否花很久的時間浸在水裡？你有什麼樣的清洗和沐浴儀式？月亮守護星期一、銀；月亮人是敏感的、情緒化的、喜歡家庭生活的、善於接受的、靈通的，並且據說更喜歡住在水邊，因此我們稱這些人為「月亮人」。

同學：你沒有強調月亮與潮汐的關係，我整個上午都在等這個部分。

達比：嗯，我很高興你終於自己提起了！我經常忘記提到最顯而易見的部分，是嗎？當然，月亮守護潮汐、海洋，海洋有潮汐，我們也是。我們情緒的高低起伏，當我們和另一個人很要好時，我們之間的情感便會起起伏伏。潮汐向我們展示了所有的水都與月亮有關，而所有的水都有其潮起潮落。發展自己的能力去接受這些起伏，認知它們、駕馭它們，將你與生命之水連結，並將你的靈魂與「世界之靈」（Anima Mundi）產生聯繫。

同學：你不會將海王星與你所謂的「世界之靈」連結起來嗎？

達比：是的，在海王星一切神祕的層次上我想我會。我們可能對海王星的領域了解甚微，但你想想有月亮／海王星相位、月亮雙魚座、或者有些行星落在十二宮的人，它們確實容易「混淆」——也就是「融合在一起」——在自己的感受和他人的感受、以及世界整體的覺知之間。

母親與孩子

現在，我想看看我們的起點，從母親的身體裡開始成長。我想向你們介紹一下物理學家丹娜·左哈（Danah Zohar）的作品，她寫了一本《量子自我》（*The Quantum Self*），這本書刺激了我的思考。這是一本關於量子力學理論的書，她用這些理論來看我們自己。她在寫這本書時懷孕了，卻被要求無論如何都要完成這本書，所以她在寫這本書的同時，孩子在她的子宮裡成長。

她描述自己是一個非常聰明的人，一個女知識分子。她在寫作過程中懷孕，因此花了很長時間坐在那裡書寫並感受懷孕的感覺，她描述著正在進行的懷孕過程，而在這本書完成前，孩子就出生了。她接受成為物理學家及哲學家的教育，但是當她寫這本書時有一些很棒的想法，卻是來自於她的理解及感受。

在此我引用一些她所說的話，關於她自己與內在小孩之間的關係，以及關於一位母親與她的孩子之間的關係。她所做的事情就是將

自我稱之為「粒子」及「波」，她說：「自我不僅僅是一件事，我們的自我是粒子及波。」讀到這時，我想：「這可能是太陽與月亮的一種隱喻」，可以說我們既是粒子也是波，太陽如粒子一般自我表達，而月亮如波一般傳達自我。作為太陽，我的粒子在存在核心中發光發熱，在土裡、風中、或是穿過水、或者如火本身一般逕自閃耀，這取決於太陽落在哪種元素；它可能發出耀眼的光或低調柔和的光，這取決它所在的元素及相位，它代表著我的光芒。這個自我也是一種波，並蘊含著月亮的那一面。

因為我們今天的討論比較側重月亮而不是太陽，我們對於作為波的這個自我更感興趣，因此，讓我們看看這項人類的需要以及結合的能力。我再次引用丹娜・左哈的書，她說：「孩子從一開始便與母親融為一體，持續至最初的幾個月」，她寫道：「在我懷第一個孩子的期間以及在她出生之後的幾個月，我歷經了一種對我而言極為奇異的嶄新生存方式」。

她很有自覺，能夠清楚地表達這些經歷，而大部分有同樣經驗的女性可能做不到。她繼續說道：「我在許多方面都失去了個體的自我感，同時感覺自己是一個更廣大、更持續過程中的一部分。剛開始，我的身體的界線向內延伸去擁抱、並與持續在我體內成長的新生命結為一體，我覺得完全的自給自足，像是一切生命都被涵蓋的小宇宙；之後，邊界向外擴展，包括孩子本身的嬰兒形體。我的身體和我自己都是生命及滋養的源泉，我的節奏是另一個人的節奏，我的知覺

與她的知覺合而為一，並且透過她與我周圍人們的覺知融合在一起。」

這是一個女人透過我們現代語言的媒介，表達發自母性的肺腑之言，自然流露，這很美，不是嗎？

聽聽這個：「在這幾個月裡，『我』似乎是一種非常模糊的東西、一種令人無法專注或控制的事物。但是我感覺自己往各個方向延伸：往後延伸至創世之前、往前進入歷史、向內傾向所有的可能性、向外走向一切的存在。」

你們知道我為什麼我這麼喜歡她？因為她的話發自於深刻的月亮經驗，一個孩子在她的身體裡成長，她描述這種感受以及對於這種狀態的覺知。她的語言如此之美，透過此番經歷，她理解並親身體驗到這個現實——我們也是自我融合的波，被大浪吞噬、並漸漸消失在更大的巨浪中。我們透過個人歷史和情感與生命產生連結；和其他人分享歷史與感情而與人類生活產生關聯；身為開天闢地的先人後代，而與生命本身結合；甚至超越，而與浩瀚無窮中某顆星球的爆炸產生關係，並與宇宙中的每一個生命共享這一點。

有時候一個人的自我是粒子，有時是波，請記住，我以特別的方式運用粒子和自我、太陽和月亮。為了點亮道路，我們可能會檢視獨特意識以及共同意識：我們的獨特意識可以連結太陽自我，我們「與事物融為一體」的共同意識可以與波做連結；自我是粒子、自我

也是波。

同學：我想你可能創了一個新詞。

達比：這是天王星雙子座人的權力甚至責任，你看！就好像她正走過這些懷孕的日子一樣，當月亮環繞著黃道帶時，每一種存在的可能表現都觸動了她，在整整九個月之中，一天天的發生。透過這個孩子在她體內的成長，她與所有的生命產生關聯，溯源、回到創世之初。

　　所以，雖然你的月亮代表你的母親，但透過月亮，它代表**所有**母親、**所有**存在、以及我們曾經成為的一**切**眾生。你打從這個身體出生，而這個身體由另一個身體誕生，另一個身體又是從另一個身體而來。所以，雖然太陽是星盤中的重點，它說明使你成為**獨特**個體的形象——你永遠的形象、精神的永恆、不變的自我；而月亮是你如何透過日常習慣模式和生活節奏進入永恆。在這個特殊生命的開端，你透過你的母親接收到了這些節奏的形式，但由於所有在她身後的其他母親，因此，我們可以說她們集結成為一種特定的母親原型，然後被加強和扭曲，並且個人化成為你的母親。

① 阿緹密絲（Artemis）：希臘神話中的守護與生育女神。
② 夏克提（Shakti）：在印度教中，夏克提是一切女神的原型，是宇宙初元的創造力量，也表示女神的生殖力，代表了推動整個宇宙的動能力量。
③ 伊西斯（Isis）：古埃及神話中的自然、魔法、婚姻和生育女神，也是亡靈和幼童的保護神。
④ 喬瑟夫‧坎伯（Joseph Campbell）：美國的神話學家、作家和教授，其著名的巨著為《千面英雄》（*The Hero with a Thousand Faces*，1949 年），探討全世界神話故事中的英雄旅程及其轉化過程，並從中揭露同一原型的英雄。
⑤ 奧菲斯（Orphic）：希臘神話中的一位音樂家，他的演奏可讓木石生悲、猛獸馴服，尤以衝入地獄，用琴聲打動冥王，使妻子再獲生機的悲情故事而為人所銘記。

第 2 章

月亮星座

The Moon in the Signs

月亮作為天空之后以及所有古代女神的各種面貌。
（出自《旁非利烏斯的方尖碑》〔Obeliscus Pamphilius〕，
十七世紀學者——阿塔納修斯‧基歇爾〔Athanasius Kircher〕於 1650 年的作品）

月亮通常落在某一個星座、宮位和相位，了解你用來表達個人情感的星座，可以知道在十二個偉大的占星圖像之中，你直接感受到哪一個星座，而這些也是透過你命定的母親。

星座告訴你占星原型，你透過它選擇、吸收、連結，並且回應母親的節奏。因此，如果你的月亮落在土元素，也就是她的身體節奏以及對你的身體養育，深刻地觸動到你。她也和你說話、接觸他人、她有自己的激情、熱情以及情感，但你最熱烈的回應是她碰觸你的方式和節奏，因為，**請記住月亮永遠是節奏**——她將你抱起和放下，並滿足你身體需求的節奏。

當你在母親的子宮裡成長時，你透過她吸收各式各樣的形象、習慣、溝通方式和感情史，但是你在逐漸成長、成為一個獨特的人格，你在特定的時間、地點出生的那一天，人格便如同星盤一樣。月亮星座述說你在子宮裡所吸收的東西，自你出生的那一天起，便以其特定方式，聚焦在你情感層面的成長。如果月亮在土元素，從你出生那天起，讓你留下最深刻印象的是母親與物質世界之間的關係。

現在，我想到兩個人、一對兄妹，其母親的太陽／月亮合相於水瓶座。

同學：你形容他們如賽馬。

達比：嗯，其中一個人的上升在射手座，有點像一匹賽馬。男孩的月亮在處女座、女孩的月亮在金牛座，兩個孩子年輕時都不像他們的母親。這位母親花了很多時間在他們身上尋找自己的影子，想讓他們過著和她一樣風象月亮的生活方式，但他們回應了她的身體節奏和習慣——也就是從她身上尋找穩定性和實用性——這些她無法以一種完全自然的方式給予他們的東西。毋庸置疑，兩個孩子的月亮皆有緊張相位：男孩是月亮／天王星的四分相，女孩是月亮與土星的四分相，她的孩子吸收了她的一些行為模式，卻是她比較隱性的那一面——也就是情感務實的生活方式，而他們透過她的身體吸收到它。他們透過母親的身體溯及自己的祖先，找到了土象月亮的節奏，也許這些是他們的祖母或曾祖母身上比較明顯的特質。

她從未真正理解自己的孩子，而孩子總是想要得到母親無法給予的東西，幸運的是，最終在他們之間還是存在著包容與愛，只是其中也經歷了許多令人失望的考驗。這對兄妹要求母親做一個務實的土象人，而她卻是用觀念和他們相處，我想「愛」可能源自於她像嬰兒般照料他們的方式，當她照顧他們如嬰兒般的身體需求時，不知何故，人們的身體記住了這些。但在他們過了十歲之後，他們只要母親在身邊陪伴就好，而這位母親卻想要以某種特殊方式讓孩子飽讀詩書，而他們並不希望她這樣。等到這對兄妹成年之後，必須想辦法釋放對母親的期望，並找到自己的內在資源以及情感寄託的方式。

同學：我母親的月亮在摩羯，兩個兄弟姊妹的月亮都在水象的巨蟹座

和雙魚座，他們似乎真的需要從她身上得到一些我根本不需要的東西。

達比：你的月亮落在哪裡？

同學：在處女座，我想這很明顯。

達比：嗯，它告訴我們為什麼你不需要從你母親身上得到兄弟姊妹想要的東西。你的月亮似乎從你母親身上挑了一個特別的部分，透過這個元素，讓你想到你的母親。當月亮在水元素，無論她將你養得多好，無論她多常和你說話、與你溝通，無論她多麼用力愛你，她的激情、熱情，讓你印象深刻的卻還是她的內在情緒。你在生命深處依附於她，你受到滋養與被遺棄的感受力大於其他元素，除非你的母親在星盤的其他地方也有很多水元素，否則，這兩顆水象月亮會一直在乾燥的土地上尋找水分，而也許真的找到了，然後將它還給母親。你孩子的月亮會告訴孩子將回饋什麼給你——當你培育他們時，你將得到哪一種元素。

當你出生時，月亮落在某一個特定位置，一個月之後，從你出生的那一刻便開始移動的月亮，已經接觸過星盤中的每顆行星了，這是你的情感生活的最初記錄；兩個月之後，月亮再次繞行，已經觸及星盤中的每個相位，並返回它原本的位置了；三個月後，它再重複一次。第一年後，它已經如此繞行十三次；到第二年後，它已經繞行了二十六次。

　　一開始你幾乎可以感覺、或看到會引起孩子情緒反應的事情，而你有意或無意之間所做的事卻與此關係不大，因為無論你怎麼想，月亮都是會點燃的部分。你知道大多數母親都會這麼想：「我的孩子將會是獨一無二的，我要做得對。」並且大多數母親都會為此用盡全力。但是孩子會吸收來自母親身體及靈魂之內的東西，我們可以說，當月亮在火元素時，他會吸收母親的能量和想像力，他適應了她的內在意象——也就是推動她前進的形象；而風象月亮吸收來自母親的想法及思想交流模式——這是她的祖先的一部分，也就是收集資訊和表達的模式；如果你的月亮在風元素，那麼想用語言清楚表達想法以及對母親的情感依附之間有很深層的連結。

同學：我的月亮在雙子座，最近我發現如果我被誤解了，即使討論的是無關緊要的事，我確實也會非常沮喪。我真的覺得我的母親從來就不了解我，雖然我知道這聽來是陳腔濫調。她的月亮在天蠍座，而我覺得她經常感覺被我遺棄了。

同學：我的月亮在天蠍座，我母親的月亮在雙子座，我總是試著讓她保持安靜，我可以體會她覺得我就是一個謎。

同學：你會每個星座都稍微講解一下嗎？

達比：會，我計劃今天會討論這個部分，現在似乎正是時候。我在這裡沒時間詳細介紹，但是我會根據對於月亮的解釋給予提示。我應該

找一天集結所有筆記，完整地寫下來，我答應過霍華‧薩司波塔斯（Howard Sasportas）這樣做，有一天我會坐下來，真的將它完成。

月亮在火象星座

但就現在來看，剛才我說了當你的月亮落在火元素，你透過母親的能量和想像力吸收它，透過她傳遞火元素，並反映在她的行為中。但是月亮在火元素更為深層，因為它傳承自你祖先生活中那些具有激烈性格的女性，不論她對自我的感覺是否如此，這真的是你對她的觀感。這種充滿活力並富有想像力的情感本質是你靈性層面的生活方式，你從母親身上吸收它，然後終其一生將它變成你自己的。

所以，當你本命月亮在牡羊座時，你會選擇牡羊座的英勇、自私、進取、輕率、無心、自我犧牲。

同學：牡羊座會自我犧牲？

達比：是的，你沒注意到嗎？雖然他們儘可能的表現出自私的一面，但是在他們的性格中有強烈的自我犧牲傾向，我認為它來自於牡羊人滿腔的英雄式衝動，渴望凌越教條並投身於拯救村莊，受人歡呼愛戴，不論是活著還是死了，都要成為英雄。他們強烈的需要以勇氣贏得榮譽，當這些透過月亮來表現時，它展現在勇氣與恐懼的相互消長之中。一個人與其母親的關聯，就如同她是自私的，而她最自私的

特質反映在孩子身上，但其中也包括她最勇敢的部分。

　　當月亮在獅子座時，人們對自我及生活有著相當宏大的構想，母親是女王，至於她是惡女王或是好女王取決於其他事情。對於我們冥王星在獅子座的人來說，她經常是壞女王或瘋狂的女王；當然也不盡然如此，她可能只是以一種冥王星的方式變得非常強大。對於那些海王星在天蠍座的人來說，她可能是悲傷或是失落的女王，但她是你的女王，她最好符合這個期待，否則你不會原諒她。你吸收的一種感覺是：生命中的日常絕對必須讓你感到愉悅，或者至少讓你擁有權力，而當生活不是如此時，你會感到憤怒。

　　當月亮在射手座，你透過母親的身體和靈魂與每一個富冒險、哲學或夢想的母系祖先結合；你強烈感覺到她的不安，以及對未來和擺脫日常工作的渴望。

月亮在土象星座

　　土象月亮的你適應了母親實際處理生活的能力，正如我之前所說，月亮的相位將會描述她是否滿足你的這項需求。

　　當月亮在金牛座，你吸收了她對於物質安全感的需求和能力，以及達到自然之美的協調；你透過她獲得能力去照顧自己的身體需求，以及天生對於物質安全感的情緒需要。

當月亮在處女座，你接收到母親對於健康及日常生活規律儀式的關注，所有小心謹慎的工匠和女工匠、那些對物質環境特別敏感的祖先與你的情緒產生共鳴。對於那些海王星在處女座的人來說，特別是當它合相你的月亮時，會擴大這種關注，有時候它幾乎是被神化了。我有一個朋友迷失了一段時間，她告訴我當她修復了她的玫瑰園之後，如她所說的，讓她「回到上帝的世界」。

當月亮在摩羯座，你繼承祖先的性格，社交的互動讓你對於社會地位具有敏感性；你天生對社會風俗習慣有啟蒙意識，你深刻反映了母親的社會意識以及在社群中受到敬重的需要。

月亮在風象星座

本命月亮在風象星座讓你吸收到祖先的知識觀念，也就是溝通力量的覺知；你對於母親的想法，以及她如何運用語言文字與思想的這部分性格很敏感。

當月亮在雙子座，你對她的遣詞用字、溝通技巧最為敏感；你適應她的說話方式，並且偏愛擅長文字的祖先。如果你的天王星也在雙子座，語言文字可能是得到智慧或啟蒙的方式。

當月亮在天秤座，你透過母親吸收你一慣的調性，這與完美品行的思想交流有關。母親在溝通方面的天賦與弱點讓你印象深刻——

「溝通不良」使你感到難受，「良好的溝通」使你感覺輕鬆自在。海王星在天秤座的人會更加敏銳地感受到這一點，你們這一代人對和平與和諧的需求，讓你在情緒上需要某種善意與和諧，過於激烈的情緒氛圍會讓你感到迷失、困惑或內疚。

當月亮在水瓶座，你繼承了所有懷抱理想主義的祖先特質，你的母親可以與各式各樣的人們和平共處，這種能力讓你感覺痛苦，或反之可以滿足你。她個人的理想對你很重要，她的怪癖讓你覺得有趣也無傷大雅，只要不是自恃高人一等。你吸收到她的社會判斷力，並根據月亮相位說明你是否認可。

月亮在水象星座

當你的月亮在水元素時，你透過母親基本的生物性本能吸收；你透過她的情緒節奏得到人類自我保護及保護他人的基礎本能。透過人類最重要的生物性需求，你在祖先的水域中交融而生。

隨著月亮在巨蟹座，你從她最深層的母體節奏和需求中得到感覺，也許更甚於月亮在其他位置的人；在你的養育過程中有一種規律的步調──有規律的餵養、保暖、身體上的親密。那些天王星巨蟹座的人，特別是當它在你月亮附近時，現代心理學對於養育的態度可能已經干擾了那樣的韻律。

同學：斯波克博士 ① ！

達比：啊，是的。無論如何，有些東西受到了干擾。對我們來說，有些事物干擾了我們的嬰兒需求，之後還有更多。冥王星巨蟹座、同時月亮也在巨蟹座的人還要面對戰爭，不是嗎？

因此，月亮落在天蠍座的深潭之中，自我保護本能以一種敏銳的危機感以及戰鬥的強烈直覺在運作，或是在封閉的情緒狀態之下掙扎。月亮誕生於母親，她的狀態會強化那些冒險犯難的祖先們所留下的情感遺緒，情感隱私以及激烈捍衛情感的權力，這些遺傳特質集中於月亮天蠍座。

正如人們所設想的那樣，月亮雙魚座的自我保護衝動最自相矛盾，這顆月亮接續祖先的旋律，與過去各式各樣的人們產生連結，如果要挑出其中任何一個人，他可能是非常虔誠的信徒或有深刻失落感的人。渴望自我保護以及想要變成每個人兩者結合在一起，因此激情往往就是回應：「如果我就是你，你受傷了，因此照顧我自己也就是在照顧你。」但是它往往更加微妙且常常更令人感到困惑。我看我可以一直繼續說下去，但我想要稍微停下來。我們來喝杯茶吧！

命運和自由

現在每個人的精神都煥然一新了嗎？適當時候來一杯茶非常能夠

補充能量。讓我們繼續談談我覺得這裡會有的一些問題。

同學：你剛剛講解的月亮星座，好像它是預設的——它似乎已經由出生時間決定了，你認為是這樣嗎？而宮位和相位也是如此？

達比：嗯。是的，我認為月亮星座是如此。好吧，讓我們說它是在子宮內的時候所決定的，我不知道它是否是從受孕的那一刻就已經確定，但它似乎是歷經了幾個月而長成的「實質」東西。一個母親在孩子出生時便已經深刻了解自己的小孩，但是還有一些事情是完全未知的。

　　從我所看到的，月亮星座可以描述某些已知的部分，而月亮的宮位更能夠描述未知的部分，並且可能在某種程度上由相位呈現——雖然一個有月亮／火星相位的女性生下一個月亮牡羊座的孩子並非罕見。但我已經開始相信這個星座在深層意義上反映了這個孩子對於祖先的記憶，並且明顯透過月亮星座反映了三代以前的祖先特徵。

同學：我的月亮在牡羊座，我當然沒有精力充沛和勇敢的感覺，大部分時候我覺得自己像個憤怒的懦夫。

達比：你屬於海王星在天秤座的世代，不是嗎？月亮對分相海王星嗎？

同學：是的，我認為全部都是因為這個相位的緣故。

達比：哦，親愛的，別按下「都怪行星」的按鈕，我可以繼續講幾個小時，但我只大概說一下，你的月亮牡羊座與其他月亮牡羊座一樣大膽、自私及英勇，但你投生在一個優雅、和諧與和平被理想化的時代，因此在集體理想中，戰鬥的衝動早就被弱化了。母親可能因為掩飾其利己本能以及這種理想性的英勇本能而呈現混亂，你透過她，繼承祖先一脈相傳的牡羊座本能而降生，但在那段時間，集體意識上並不尊崇牡羊座特質，因此，尋求理解是很重要的：為什麼是這樣？你的靈魂之旅將會如何？思考這些條件而不是怪罪它們。想要衝動行事的本能以及集體精神理想之間的對分相寫著：「上帝／完美就是和諧與和平」，這聽起來就像一個有趣的領域，而靈魂在其中成長。

同學：為什麼牡羊座總是先上車再說？

達比：這是愚蠢的問題。

同學：是的，我知道，但我的月亮在雙子座可以讓我這麼說。關於雙子座的部分你沒有太多描述，我以為你對於月亮在雙子座會有很多討論。

達比：你這麼認為嗎？我不知道怎麼會這樣？好吧，可能有人不知道，我的月亮也在雙子座，我剛剛說到哪裡了？好，我只想說，月亮在雙子座的人很神經過敏──通常對噪音很敏感，並且依靠語言給予他們有價值的東西。我有一個月亮雙子座的朋友，曾經告訴我書就是她的母親，她媽媽對她不怎麼好、也不關心她，她從小就學會閱

讀，一直很愛書，因為如她所說，她從書中學到了生活的一切，她很聰明，所以我猜她讀對了書。她一向聽母親的話、但是很小就排斥她，然後沉迷於讀書，最後教書，她也是一位非常出色的老師。

同學： 我喜歡好書，但也讀了很多垃圾。我喜歡愉快的對話，但有時我聊得太多，或是我覺得是別人的話太多了！

達比： 月亮雙子座的雙靈魂，我有同感！所以，在我們繼續討論其他的主題之前，讓我再引用丹娜・左哈的一段話：「在很大程度上，嬰兒的經驗就是母親的經驗，他用母親的布料開始編織自己」並且「吸取母親對更大世界的回應，藉以尋求保護、情感和關懷，並以自己的方式置入其量子記憶系統中。它們成為他所創造的東西，並影響了其大腦中神經通路的發育。」我補充一點，在這懷孕期間，她的經驗不只有當下外在發生的事情，同時也包括那些發生在深層內在及細胞中所有的事——這些從深遠的過去，由母親傳給母親的一切。而我們一直在討論的是：這些是如何透過出生時的月亮星座來表現。星座告訴我們在構成人類此音階的十二個主和弦之中，哪一個被敲打了，因此它將成為生命中以各種方式所帶來的潛在、不斷重複出現的音符。

　　你成長在一個帶著歷史的女性子宮中，這些歷史被寫在她身體的每個細胞中。你通過那扇門、那位女性、那些歷史而投胎，而投胎此世的過程中，你的部分皮囊透過她身體的節奏承接著這些歷史。這些

節奏、這些習慣的回應模式是她一生的事蹟所產生的部分結果，由她所做的選擇、創造的環境或是從她的回應中所創造出來的。但它們只有部分是來自於她的人生經驗，更深切地說，這些節奏來自於她的父母及其歷史，以及她母親的子宮（由前一個子宮孕育而生，如此代代相傳）。你透過她體內生長，並接受所有的一切，自你誕生之後便展開她養育你的第二階段。

同學：這個時候聽起來非常宿命，也無法逃脫。

達比：模式不斷地被重複，從子宮到子宮、代代相傳，而每次都是全新的。我們每個人都透過各自的母親、或是出生時通過的那條通道繼承了歷史的深度和重要性，並且（這很重要），賦予我們身為創造物的可怕責任感──我們每個人都是因父母結合而生的新奇又獨特的種子和雞蛋，我們每個人都有自己的歷史，每個人都是全新的，從未發生的組合。行星旋轉，每一刻都一樣，但從未發生，因為每種行星組合皆不曾發生；週期循環不斷重複，而整體的組合永遠是新的。就如同我們──總是一樣、總是在未知的邊緣、命中注定又完全自由。這是有趣的結合，不是嗎，難怪我們會如此迷惑。

你有問題嗎？

同學：沒有，當我感興趣又專心時就會這樣。

達比：原來如此，你看起來也很憂慮。

同學：我的月亮在第三宮合相水星處女座。

達比：太好了，　如果你看起來無憂無慮，那我才會開始擔心。所以我的意思是，我們每個人都接收了某種特定的調性、一個和弦、一個我們將永遠回歸的主旋律，透過月亮星座表現出來。

---

① 班傑明・斯波克（Benjamin McLane Spock）是一名美國兒科醫生，著有《嬰兒和兒童保健》一書，此書於 1946 年出版，並保持暢銷，書中有一句話對於母親說道：「你知道的比你認為和做的多。」斯波克是第一個通過研究精神分析來理解孩子的需要以及家庭活力的兒科醫生。

第 3 章

月亮的宮位

The Moon in the Houses

月亮女神塞勒涅。
（古希臘畫家梅迪亞斯〔Meidias Painter〕，作於公元前 450～400 年，
現收藏於維也納藝術史博物館〔Kunsthistorisches Museum, Vienna〕）

現在我想繼續討論宮位，我將簡單介紹每個宮位，給你們一些重要的概念，提醒並喚醒你們每個宮位所蘊含的可能性。我想給你們一個可以進行觀察的框架，而不是我多年觀察的結論。

同學：我們大概會在你的書中讀到這些。

達比：哦，我希望如此！讓我們繼續下去。**月亮座落的宮位所描述的生命領域，是你最明顯的特質、最突顯的生物需求、以及最持續的日常生活波動。**在你出生之前，母親的日子一天天過去，並且逐漸有了一種期待感，時間越來越近了，分秒在流逝。母親體內的某處懷有很高的期望，儘管她是個現代女性，可能對此也不太了解，所以她讓其他人決定孩子何時來到。但是即便所有人已經決定好孩子降臨的時刻，但孩子還是可能會帶來驚喜。事件並不如我們常常想要相信的那樣盡如人意，誰知道我們的個體粒子是如何以超乎想像的模式移動？我們所知道的是，這是分娩開始的時候，某一刻孩子出生了，你可能會說賭輪就停在那裡了，行星就這樣被安置在宮位中，然後，有一天某位占星師繪製了一張出生在那一刻的星盤。

我們考慮了行星和恆星的佈局，並繪製了月亮及其狀態，以了解孩子的早期情感環境——這個環境就是母親。我們已經注意到接收原型母親的星座，這是這個孩子想要從親生母親身上吸取的原型，而且我們也注意到月亮的宮位。這個宮位告訴我們，孩子從母親那裡得到身體和情感養分，並感受其起伏的地方——這個生命領域每個月都會

透過與母親共同經歷的事件而被激活，最強烈的是在生命的頭幾個月和前幾年，這些將透過行運月亮，以及接觸該位置的行星反映出來。後來，這個宮位告訴你，你將在生活中的哪一部分最容易感覺自己像在家裡，而這個「家」的舒適與否取決於其他因素。月亮的宮位告訴你日常習慣的情感模式將在哪裡滋養你，在那裡你會感受到生活的潮起潮落、千變萬化，以及一樣豐沛。

還有一件事，月亮的宮位告訴我們，當母親不關注我們時，她正關注著什麼？或者更確切地說，在我們初生的幾個月和幾年中，她正投入、以及我們會持續意識到的生活領域。這是一個波動之處——她和你在一起以及她沒有和你在一起的地方，而當她不在的時候，她又在哪裡？我的意思是她的注意力在哪裡？如果是第十宮的月亮，是她的社會地位或精通的領域；第六宮的月亮，是她的工作或健康狀況；第九宮的月亮，是她的夢想、對未來的計劃以及其他地方的人。她照顧你的節奏被認為與這些事情有關，之後這些事情成為引起你情緒起落的根源，你在此感覺充實又空虛；你的情感天賦和需求在此表達，並且透過這些領域與最深層的生命根源產生連結，你的靈魂發展——也就是你與生活節奏的連結在此表現出來。

由於宮位制和宮首有所不同，也由於這些宮位具有整理思緒的序列美感（好吧，至少是我的思路），讓我們逐一檢視各個宮位。

同學：如果是不同的宮位制呢？這會讓月亮落在不同的宮位中。

達比：是的，這是一個問題。

同學：然後呢？

達比：我不在這裡解決這個問題，你必須找到能夠最清楚與你產生對話的宮位制。現在，我不想分心去討論它。

當月亮在**第一宮**時，嬰兒最強烈表現的是母親的生存需求——母親需要為自己挺身而出、然後被看見（可能是被她的丈夫看見，當然也包括某個重要的人）。嬰兒漸漸知道母親的安全感和焦慮感的節奏，因此，他和所有準備求生的嬰兒一樣將會「使用」這個訊息，因為孩子將調整自己去適應母親的生存需求。月亮在第一宮的人，通常會將母親視為「倖存者」，在這之後，任何情感關係上的危機就像是生存問題一樣：「沒有你，我活不下去；或是你緊抓不放，讓我無法呼吸」，然後出外為生存所做的事情將使你與生命源頭產生連結。

第二宮的月亮，記錄、並加深了母親將安全感等於所有權的一切傾向，她對於自然世界以及對自己**擁有**之事物的關注，被記錄在養育孩子的規律起伏中。你可能覺得這很奇怪，但在我的記憶中，我從未遇見一個月亮在第二宮的人不珍惜和愛他的母親。肯定有人會懷疑這種看法，但是月亮在此似乎是一個強烈與親密有關的位置，也許它是一種價值觀的深刻共享？也許是母親在養育你時，為你打開了自然世界之美，因此能夠得到許多諒解。開發你的天賦資源，使你能夠與滋

養你的節奏產生連結。

那些月亮在**第三宮**的人記錄了他們的母親對於周圍事物的注意力，例如：她周圍其他人的往來以及傳遍大街小巷的日常新聞。這個孩子的手足位置很重要，養育的節奏可能與養育過程中的分心有關；閱讀以及和其他人交談會帶來養分，而當這些事情被忽略時，也是你感到最貧乏之處

同學：那是什麼意思？

達比：意思是，我注意到月亮在第三宮的人在最投入的情感事物中，常常會對於他們所謂的「分心」感到沮喪。當我和月亮在第三宮的孩子母親在一起時，我注意到這些孩子感到挫折的是母親的心思不在他們身上。我認為他們特別習慣於這種分心，後來的情感發展將取決於他們的接受、包容、忍耐以及處理日常生活中干擾的能力——是的，當然是對話過程中的分心。我有一個很好的朋友，她的月亮牡羊座落在第三宮，我們是翻譯古代占星手稿的讀書會成員，每當我們離文本太遠時，她會開始變得很煩躁，然後會脫口說：「我們可以回到工作嗎？」基於某種原因，這使我感到高興。

出生時月亮在**第四宮**的嬰兒會強烈記錄母系家庭的連結，母親覺得自己是家庭的一分子，因此嬰兒的生存將隨著在家庭中的生存而發展。隨著月亮每個月在天空中旋轉，與本命月亮形成各種相位，加

深了月亮星座與家庭生活之間的連結。每當行運月亮進入月亮星座時，孩子就會透過情感和身體的滋養來吸收家庭的互動，並且月亮在這個位置會深刻的意識到祖母的存在，但是我尚未發現是否對於父親的母親比母親的母親了解更多。當你離開家之後，你必須尋求更深層的家庭（家庭生活根源）聯繫——自然的步調就是家庭本身。

同學：這是否說明了和母親之間的緊密關係？我的月亮在第四宮，我一點也不喜歡我媽媽！

達比：我有一個快七十歲的好朋友，她的月亮天秤座在第四宮，她是被領養的，與生母疏離、也不喜歡她的養母，但是她執迷於自己的感情史，甚至寫了一本書。我認為月亮在第四宮與你的背景有很深的情感連結，而這種連結是否讓人感到舒適取決於其他因素，只是因為情緒和身體照護的波動與你母親的家庭感受習習相關，你從她那裡意識到它，並且在你整個嬰兒期、甚至在與她的成人互動中加強它。

第五宮的月亮熟悉母親自我表達和快樂的能力，當行運月亮每次碰觸到本命月亮時，這個嬰兒便記錄了母親與她的孩子及生活之間具有創造力和生命力的互動。我認為在這個位置可以感受到母親的生活重心——而在這個重要舞台上是否快樂取決於其他事情，嬰兒記錄了自己與母親之間的巨大可能性。

第六宮的月亮日復一日、月復一月記錄著照顧養育的儀式和例行

公事，它在整理的過程中調整、吸收母親對於這種儀式的態度，並透過行為將它反映給母親。當然，這與健康習慣等事物有關，而當行運月亮觸動本命月亮，母親對於雜亂和空間的注意力，在各種層面上都會加諸在孩子的習慣中，自此以後，工作空間的狀況將與情感起伏產生關聯，日常習慣會激起人們的充實與空虛感。

　　出生時月亮在**第七宮**的人會感受到母親與其伴侶之間的關係所展現的力量，這個孩子的誕生與母親對於伴侶的情感覺知及互動產生一致性。嬰兒將身心滋養的節奏與母親在婚姻中的安全感或伴侶生活連結在一起，後來，婚姻和伴侶生活將成為最深刻的滿足感和缺乏感的根源。對於海王星天秤座的世代來說，這通常交織著某種清高的精神嚮往；而對於冥王星天秤座的世代來說，這種人性需求是關於生死議題、轉化夥伴關係的世代需求。

　　第八宮的月亮最深刻地記錄了母親對於失去——失去伴侶、安全感的恐懼，也許還有對於生活的恐懼——那些帶著結束、死亡意味的部分。它也記錄當母親面對這些事情時深具力量及無助之間的交替，也就是改變婚姻的力量以及對於安全感的顧慮，後來，人際關係引起了這些恐懼以及轉化情感的潛能。感覺生活本身就是激烈且強大的，月亮落在這個位置的人會經歷強大力量的衝擊和被拋棄的深刻感覺，這些人與他人完全融合，或是相反的完全疏離，轉化是他們生活經驗的一部分。

當月亮在**第九宮**時，母親與那些偶爾會遠離的人通常會保持聯繫，情感起伏與她是否與自己的情感根源產生連結有關——或者那種根源已經消失了。當然，這種根源可能是她自己的母親、家人或丈夫的來去，因此使她感覺有或沒有安全感。我認識一個月亮與海王星合相在處女座第九宮的人，她的母親既有宗教信仰，也經常生病，而這個嬰兒的安全感與母親是否健康、可以照顧人或是生病、分心有關。這個人現在正處於中年階段，她的安全感的起伏來自於宗教滋養的深刻程度——有時她感覺有所聯繫、有時又似乎離她很遠。

當你的月亮落在**第十宮**，母親對你的注意力與她的野心融為一體，隨著一個又一個月過去，你記錄著她想要好好養育你的企圖，既要滿足你的需求，又可以滿足她自己得到別人尊重的需要。她為你所做的事深深根植於你的情感中，使你在工作與情緒滿足之間建立聯繫，當工作帶來你所需要的尊重時，你會感覺生命的滋養，不然的話，你會非常渴望這種根源，這種起伏讓你與生命的豐富性產生關聯。有趣的是，看到那些天王星和海王星摩羯座的世代，其本命月亮第十宮的人如何感受到這些，他們出生在社會生活結構發生改變和重整的時代，而這些月亮第十宮的人其安全感的節奏是依附在更大的議題上嗎？我是這樣質疑的。

當月亮在**第十一宮**時，你所記錄母親的照顧節奏是關於她的外在生活、朋友圈和同事、與社會需求的連結，她對於社會的理想以及與之互動的方式將會影響你。相信生命本源和以有意義的方式與他人建

立關係的能力息息相關，後來，你會找到一群可能基於某種理由而一起合作的人。你對於生命充實及空虛感與集體理想緊緊相連。

同學：終於來到月亮第十二宮！我們永遠是最後被討論的。

同學：月亮雙魚座永遠是排在最後。

同學：我簡直不敢相信，月亮第十二宮和月亮雙魚座在爭最後一名！

同學：但是我很不耐煩，因為我的月亮牡羊座在第十二宮！

達比：你的月亮雙魚座落在哪裡？

同學：在第十宮，但是四分相火星射手座。

達比：好吧，很高興我們今天沒有完全翻轉牛頓行為的概念。現在，我們所有人都可以鬆一口氣，因為我們的世界仍然按照自己的邏輯在運轉，所以，我們可以繼續討論月亮在第十二宮了。

　　當月亮在**第十二宮**，你的母親在你早期生活的某些方面中熟睡，她可能是生病了、待在醫院或機構裡，但也可能基於某些原因而感到與世隔絕。醫院和機構是明顯的，不是嗎？我有一個朋友，她快四十歲時才生第一胎，孩子的月亮落在第十二宮，當我問她是否在孩

子剛出生幾年中以某種方式沉睡，她笑著說她的確是很睏，在孩子出生頭幾年感到筋疲力盡，尤其是在十八個月之後第二個孩子意外的到來。十二宮的月亮記錄了母親內在的靈性層面，它如此深層，以至於有時候不知道感覺是什麼，最深的感受有時已經沉浸好幾年了，它是為了犧牲而產生的，並且帶著深刻的孤獨感，這可能會、也可能不會造成問題。

所以，有些宮位討論的比較多、有些說的少，這只是一天的研討會，我只能給你們我所想到的。我需要再花一天的時間來討論月亮，才能夠更貼近我們太陽系這個美麗星球的豐富性，如此富饒的象徵符號，而它將會是，不是嗎？

月亮也顯示了你最像其他人的地方，從某種意義上說，也是最充分表現出你的人性弱點之處。宮位會透露這種普遍人性會在哪裡表達出來，你在哪裡最像在家裡時一般自在。例如，當月亮在第四宮時，當你在你家、自己的小天地、自己的領域中活動時，你的自然反應是最平常的，星座和相位描述你表達這種普遍人類行為的獨特方式。如果你的月亮在第二宮，在對於物質安全感的需求中，你和別人沒兩樣，因此，你不僅繼承了來自祖先的這些傾向，這裡也是你具體融入芸芸眾生之處。

第 4 章

月亮的相位

Lunar Aspects to Other Planets

命運三女神摩伊萊（Moirai），月亮的三部分：出生、生命與死亡。
（作於公元前 430 年，收藏於烏茲堡的馬丁‧馮‧瓦格納博物館
〔Martin von Wagner Museum, Wurzburg〕）

同學：我可以了解你對宮位的闡述，以及在某個特定背景之下母親對嬰兒的關注，但是，相位的關聯性不是也很大嗎？

達比：是的，的確關係很大，這就是陰晴圓缺的故事成為你自己的故事之處。這些相位將描述你與母親之間共有的情緒節奏——它的持續期間和強度，當然相位還描述了其他的事。從某種角度來看，實際上你完全就是她的節奏，但是因為你天生就是這個獨特的月亮星象，它描述了你個人情緒能量的領域，在你和他人之間，你的能量同時也起了一部分作用。相位描述了節奏的獨特性，它敘述著你與他人之間的自然情緒節奏。

月亮與外行星的相位

同學：月亮合相冥王星獅子座會怎麼樣？

達比：好的，讓我們從輕鬆的地方開始吧！但是我要先談一下月亮和超過土星以外的行星之間的強硬相位。我們將相位視為節奏，其中你的母親透過她的內在或外在環境為你提供養分，當外行星與你的月亮產生相位時，出於某種原因，你的母親正感受到集體力量並且回應這種拉扯，同時也回應了你——特別是合相的話。在某些方面，她非常認同某種特定的集體性格，使得你經常與某種原型的母親聯繫在一起。她的個人生活被這種更大的行為準則掌控，如果不是因為她太分裂，就是因為她太崇高了，也有可能同時兩者都是。如果是緊張的相

位，這個集體性格與她養育你的方式息息相關——卻是以一種更難處理和刻意的方式；如果是柔和一點的相位，她的養育方式融合了這種性格，卻沒有完全失去原有的個性。

你們有多少人有月亮的緊密相位？與超個人行星的任何相位？幾乎所有人都舉手了，這在人人都學習心理占星學（我們是否應該更廣泛的稱之為現代占星學）的教室內是合理的。你們也許都知道被支配、提升、掌控的感覺，或是認同超乎自己的事物——不論是透過冥想或愛情、吃巧克力、或度過一個奇幻或地獄般的假期，而且總是透過你的親密關係。無論你正在做什麼，你知道與之融為一體是什麼情況，在那種狀態下，時間都消失了。你也知道脫離這種狀態的感覺，生命不會讓你一直在經歷超經驗的事物。

我們聽過關於大師或悟道之人的神話，也許在某一層面上有可能實現，我們希望也但願如此——精通或開悟。從某種意義上來說，那就是當你的動物性格與超脫結合之時，但大部分的時候，除非你已經年復一年、日復一日、時時刻刻地完成了土星的功課而獲得那樣的狀態，否則經常還是會有一點困擾和無法控制的行為，然後你的朋友會說：「哈，他又談戀愛了！」或是：「他又離開了！」或是：「誇張！」或是：「瘋狂！」土星是通往這些狀況的入口，這種情況實際上是不被允許的，除非是通過土星的大門。

同學：你的意思是，在發現土星以外的行星之前是不可能的？對於沒

有月亮與外行星相位的人，這些是不可能的事？

達比：不，不是這樣！例如：月亮與木星的強勁相位可以使你完全地認同老師或神祕主義者的身分，而月亮與金星的相位則是愛人。但是月亮與外行星的相位，是隨著某些東西慢慢察覺了身分認同，它是全新未知的行星領域。月亮／木星和月亮／海王星的相位在情感上都有接近宗教的體驗，但是他們是不同的，可以說是層面上的不同。自從占星學發展以來，便已經觀察並繪製了木星的領域，而海王星卻是一個全新的領域，部分發展朝向人類的融合，哦，我已經超出我想要討論的範圍了。

　　月亮／木星相位可能使你認同某種宗教原型，你從母親的行為中吸收了它；但月亮／海王星相位使你吸收某種新事物——也許是集體觸及永恆的痕跡，它尚未完全顯現出來，也許更令人感到無法理解，因為我們透過某種難以捉摸、極其微妙，甚至無法定義的事物去尋求、發現，並與之產生關聯，卻因此失去了情感上的滿足感。外行星仍然超出我們的意識範圍，當然所有的神都在我們的意識之外——這是它們的本質，但是超越土星以外的行星，它們所反應的東西卻是超越了我們集體對於真實時空的意識。唉呀，我談到這裡就好。

　　因此，除非你的母親是來自於另一個面向，你的月亮與天王星、海王星或冥王星產生合相，可能在你的幼年時期發生了一些非常令人不安的事情。她既是個人的也是屬於集體的，她符合了班傑

明・斯波克（Dr. Spock）博士所稱的放養式的母親形象（無論好壞）──這是月亮合相天王星；或者她是在失物招領處或是夢中消失的母親──這是月亮合相海王星。

在月亮與冥王星合相的情況下，她是給予生命、給予死亡如卡莉女神（Kali）①的母親，其激烈的母性如此強大，以至於每次你在接受她的母乳時，同時也承受了這種情況的勒索，因此你要嘛尋求覺悟，不然就是變得一團糟，沒有太多餘地，至少感覺上就像是那樣。不僅合相有這種感覺，當你的月亮有任何外行星的相位時，感覺就像是全有或全無；你要不是追求該行星的最高表現，不然就是承受痛苦──非此即彼。當它們合相時，你可能會因此花很多時間去認同那顆行星，並且感到迷失，情感必須如此強大及轉化、如此具有靈性及啟發性、如此令人興奮，否則就不值得擁有。

由於月亮／冥王星的相位，母親強烈的感覺傳達給孩子，她在懷孕期間及孩子初生階段經歷了非常強烈的情緒，使她必須以某種方式封閉自己。然而，有此相位的孩子感覺到這種激烈（他們擁有這種情緒的接收器），然後對於母親及生活的感受也同樣強烈，有時那些感覺是如此強勁，以至於有一段時間似乎無法接受而否定它們。對於那些月亮與冥王星有緊密關係的人，母親和孩子之間的注視或感覺強度，有時候幾乎是令人無法承受的，母親的情感如此濃烈，使得孩子容易被摧毀。月亮與冥王星有強勁相位的人需要強烈的情感互動，才能夠感受一切。靈魂所敘述的是強大的那一個生命故事，深刻地將

事件的感受融入經驗或是對之完全無感，而靈魂被帶入地底一段時間，表面不興風浪，之後，人們會爆發出來並且感受到愈加劇烈的情感，然後所有的事物再度陷入靜默，讓地底世界繼續處理一切。

同學：波賽鳳妮（Persephone）②。

達比：是的，狄米特（Demeter）③和黑帝斯（Hades）。

同學：有沒有兄弟姊妹，感覺是不是有差？如果你有某個兄弟姊妹有其他的相位組合，至少你可以間接地感受到母親的不同面向

達比：這是一個有趣的想法。

同學：當我繪製我兄弟的星盤時，我很訝異他居然有月亮／冥王星相位，我想：「那是我小時候發生的事，在我家裡。」

達比：當我們說「我們的母親」時，那是什麼意思？這位平凡的媽媽在哪裡？最近我有一個客戶，他的月亮射手座四分相土星獅子座，在他告訴我他的母親有多冷酷、多恐怖之後，我問他：「你的姊妹和你媽媽相處得如何？」他回答：「哦，好吧，我的姊妹當然一點都不覺得是這樣，她認為我們的母親很有趣。」我查了一下其姊妹的生日，那天月亮和金星都在射手座，也都三分相冥王星。

但是讓我問你，你的兄弟年紀比你小嗎？

同學：是的。

達比：小很多嗎？

同學：兩歲。

達比：當時你還太小，不知道他們之間發生了什麼事。

同學：我所知道的是，在他出生之後我就不肯回家了，後來被送去和祖父母一起住。

達比：這件事本身很有趣，不是嗎？那些隨著月亮消失的東西。

同學：你知道，當你談論超個人、精通或混亂時，我想到了一個認識的人，他有緊密的月亮／冥王星相位，是一個百萬富翁，因此他也確實有效地完成了冥王星的力量，但是我認為這真是大才小用了。在他的關係中，他努力追求其他冥王星的體驗——不在於權力，而是絕對激烈的經驗，以及非常冥王星類的體驗；他一方面是大師，但另一方面他也陷入了相當麻煩的關係中。

達比：我認為通常是這樣，我們活在相位的不同面，對我們來說，這

些功課是要讓我們知道，何時是在這面、何時是在另一面。我們發展了反省的力量，也許是由於我們在月亮的旅程中前進、累積經驗的結果。透過這種反省力量，我們可以見證自我以及自己的行為模式，可以發現月亮的位置和配置其天生的可能性，並且從生活中反省發生在自己身上的各種事情。我們也可以辨識自己的生物需求以及它們如何透過星座、宮位和相位來表現自己，並且也許在我們發展的過程中，持續探索自我、以及自我的破壞性行為。我們無法改變相位——它們代表我們的某種既定事實——是由生命本身的恩賜賦予的；但是隨著時間的演進，我們可以審視自己，認知自己的充實與空虛的節奏是如何表現的。對於月亮／冥王星相位，我們可以說：「在這筆金錢合併或這段戀愛中，我處於生死攸關的感受中，覺得自己好像快要被改變或是被殺害——這是我投入生活的方式。」

月亮與個人行星的相位

當月亮與土星或木星合相時，無論你家庭中的社會情境如何、母親所依附的社會情況如何、無論她身處於何種社會原型，你都接收到了。你可以說木星和土星描述的是地方性的時空之神——也就是權威人士。土星與月亮合相於牡羊座：受困的戰士與高大強悍的女子結婚；土星與月亮合相於天秤座：審判公平處理法的法官戀愛結婚了。母親與特定的社會原型結為一體，而你從母乳中吸收到那種形式的責任。而月亮與木星的相位可能會更有趣一點，你的母親帶著社會氛圍中比較冒險、樂觀的那一面，有時候這是一個很瘋狂的相位。我

有兩個有此相位的客戶長久服用藥物以保持情緒穩定，但我也有這個相位在金牛座的朋友，雖然她的情緒也容易激動，但從未過分到失去理智。當生活充滿樂趣時，就沒有更大的樂趣了；當沒有更大的樂趣，那就很難受了。

月亮／金星的合相以「和母親關係密切」而著稱，儘管我經常有一些客戶否認這一點，但是從我所看到的，我認為這是真的，而所謂的「親密」並不總是意味著「令人愉快」。

讓我來描述一個月亮／火星合相在射手座上升點上的人，他對母親的最重要記憶令人恐懼，他記得曾經被她驚嚇過兩次，她去世時他大概才三歲大，他從兄姊那裡知道她有很多面，但是等到他出生時，她已經變得非常痛苦和恐懼。他告訴了我其中一個意外：有一次他快要睡著時，她走進來，把他從床上抓下來，叫他祈禱，因為他沒祈禱就去睡覺了。當時他年紀還小，無法說出全部的祈禱文，因此母親對他發了很大的脾氣。因為她在他還幼小的時候就去世了，我想她在那段時間應該正努力求生，想要挺過去，所以她整個人充滿行動、變化以及憤怒。

同學：你知道她是如何過世的嗎？

達比：她「意外地」自殺了。

同學：太可怕了。

達比：可怕、令人遺憾又難受，他是巨蟹座，當他談論母親時充滿了愛，但回憶她時卻充滿恐懼。他的太陽在第七宮、月亮在上升點，他以一種特別的方式和別人建立深厚的關係。他也十分有趣且達觀，要嘛完全開放，不然就是非常封閉，而且沉默寡言。

當有強大的行星與月亮形成相位時，或者說與你的月亮產生很強硬的相位時，你的母親有時、經常、或是間歇性卻明顯地對其他事物無動於衷，這是這個相位的重要關鍵。在四分相和對分相之下，它可能看起來更像是一些情況的發生，但這仍然是她對這些情況的反應。而且由於這個相位就在你的星盤中，有時它以一種很奇怪的方式成為你的傳承——你的存在引起她的反應。當它是合相時，這是當時她最明顯的特質，有時甚至對於人與人之間的互動毫無反應。

因此，如果是土星或天王星與月亮的相位，她會照書養，無論這本所謂的「書」是她的社交團體還是斯波克博士。如果是金星或海王星，她會遵循某種浪漫的形象，無論該形象是來自於閱讀、電視還是從「母親與女性」這類的宣傳看板。這是非常無意識的，因此，你吸收了這些能量，然後融入到你的自我發展中（從生物性到人性），這就是你正在運用的能量，在母親的凝視中傳遞，並在你們之間交流。

同學：你所謂的「凝視」是什麼意思？

達比：這種特別的對視一次又一次地流露在母親與嬰兒之間，它通常發生在母親餵母乳的時候。我在嬰兒和母親之間經常見到這種無聲的喜悅交流，當然有些母親由於某些原因而無法親自哺乳，但是在餵食和其他時候，這種凝視仍然會存在。一些母親可能允許或有很多時間這樣做——通常是在生育第一個孩子時，而其他母親則可能沒有這麼多時間。但是無論它何時發生，似乎都是一種母親的靈魂（這是其家庭靈魂的一部分，更是世界靈魂的一部分）與這個新生兒（他的靈魂來自於過去）之間傳遞的東西。現在，這些相位似乎描述了這種凝視的持續時間、強度和節奏，以及嬰兒到兒童之間共有的時光。

在某一刻，不論你的月亮相位是正面／負面、辛苦／輕鬆都不再重要，也都無關緊要，一定會有一個時刻，使它們確實已經沒關係了。因為從某種意義上來說，你會在其中達成和解，並從各種相位中反映出你是誰，但是，在我們大多數到達這一刻之前，都必須走很長一段路，在各個相位所反映的問題中掙扎，使你最終更加清楚的接受自我。透過月亮這面鏡子去觀察你早期的適應狀況，這是一種展開和前進的方式，是一種自知的自我接受感，讓你更能完全的融入生活，而非只是片面的參與。**月亮的任何相位和配置，都只是反映你的生命開端和早期生活的形成**——無論好壞，這些都是遺傳，你這個人正在被塑造、建立自我，並擺脫童年時所繼承的環境。

同學：那麼傷害呢？我們很多人覺得受傷，特別是在情感的層面，或者即便我們認為自己沒事，但是其他人的確受到傷害，難道這不是來

自於我們和母親的關係？

同學：還有我們的父親們！

達比：是的。

同學：這是你全部的答案嗎？

達比：不，我想先暫停一下，但如果你們可以的話，我會繼續講。當然，我們所說的傷害也來自我們的父親、環境，無論是在身體還是心理層面上，這都是我們活在這裡的一部分。我們有一個理想自我、一個理想世界、以及當下發生在自己身上的一切，因此這經常產生很大的落差，而我們必須處理這種落差，在此我們正透過月亮檢視它。我們通常會根據月亮，當然還有金星的相位來描述自己的情感困擾，但是很少有人會想到：「我的所有問題都是因為我的月亮落在……」無論什麼星座，我們通常會說：「我痛苦是因為月亮在第八宮，讓我感覺被拋棄。」或是：「我的母親對我的期待，讓我覺得被強迫。」但大多數情況下，我們會檢視各個月亮相位，藉以了解為什麼我們的情感生活還不夠完美。

同學：我的月亮獅子座在第二宮，四分相第五宮的土星天蠍座，我非常愛我的母親，對她沒有怨言，但是憎恨我的父親，他很殘酷、又非常壓抑她。我很佩服我的母親——如同你所形容的第二宮，我與她分

享對於美的熱愛，她有一座令人驚奇的花園。

達比：好的。我很想知道有沒有可能這個配置並不是指某種深埋的怨恨，天蠍座的土星可能以某種隱藏方式表現出來，或者也許是一種隱藏的恐懼——但是月亮獅子座在第二宮，我確實理解你深愛母親並且以她的創意為傲，月亮獅子座喜歡感受愛，卻不喜歡對自己所愛的人有厭惡或羞愧感。某些時候，你可能想探索自己的內心世界，看看其中有什麼暗藏的糾結可能阻礙了你的創意生活，但是我不建議你將自己的心撕開，只是想要找到潛伏在黑暗中的暗袋，只要注意情緒的投射，這是我們所有人都必須做的。借助月亮與土星的四分相，個人關注的是性格發展與情感發展的緊密相連；土星／月亮四分相的人必須努力工作，才能夠接觸到情感養分的施與受，一不留意，它便可能枯竭而孤立。你曾經感覺孤獨嗎？

同學：我是牡羊座，你認為我有時間注意這些嗎？

達比：我想你沒有，也許它表現在身體上了。

同學：我的皮膚和頭髮都非常乾燥。

達比：那麼，當你注意到這些令人不舒服的乾燥可能代表你內心生活的枯竭，這也許會很有趣。或許這是一種訊號，說明你已斷絕了身邊的情感交流。當月亮與土星的四分相沒有意識到這一切時，生活將變

得非常枯燥，責任和義務取代了溫暖和舒適：要努力工作，不要有感覺！於是月亮與土星的四分相化身為一個背負生活重擔和掙扎的母親，無法滿足自己的情感需求。

同學： 在這種情況下，她並沒有時間，因為她已經有兩個年幼的孩子和一個會暴力相向的丈夫。

達比： 你從與她的每一次接觸中吸收了這些訊息，你傾向忽視自己的感受，同時也傾向非常忙碌，這樣你就不會陷入被隔絕的感覺。批判、遵守規則、努力掌控自我的那一部分——也就是土星的部分，可能會對你與他人之間的情感交流以及生活帶來壓抑而非支持。你從母親那裡繼承了一種自我壓抑的習慣，它如此深層，甚至連母親自己都沒有意識到，因為內心深處的這個訊息遮蓋了她享受懷孕的天生本能以及新生兒的喜悅，如此拒絕了這種經驗的感官吸引力

同學： 但是我認為它是指精疲力盡，以及我父親不支持的態度，而不是她本身的緣故。

達比： 嗯，是的，我的確好像是在強調她內在壓抑的這個訊息，而不是她的境遇。我認為這是因為你說的是從獅子座到天蠍座的相位，它是一個固定的四分相，我覺得這是她本性的一部分，而不僅僅是外在環境。但是，你覺得你的月亮獅子座就是你的母親，而土星就是你的父親，這讓人想要去檢視整張星盤，在某些方面上我應該如此，但我

想盡可能地專注在這個相位本身。

　　無論它是天生的還是周圍環境，你都將這整個星象吸收到自己的身體和情感本質中，你以化身（部分星象）的方式接受它。有此相位的人經常會怨恨、指責其母親，因為她似乎並沒有像她「應該」的那樣去支持你，也許這對於有此相位的人是更常見的，僅僅是因為……好吧，原因有很多。就你而言，你同情母親必須在這種壓迫之下掙扎，你可能記得她對你的嚴厲，但是考量到她的情況，你會認為這是必要的；而你對自己的情緒需求也極為刻薄，你對待其他女性也非常嚴厲嗎？

同學：你是指那些不履行義務的女性？

達比：是的，那些遵循自我的情感而不是職責的女性。

同學：我想如果只做自己想做的事當然很自私，那是導致婚姻破裂的部分原因，不是嗎？

同學：我認為，你所謂的「婚姻破裂」，更多是和被長期壓抑的女性有關，現在她們發現必須遵循自己的情感，否則她們世界將繼續崩潰。

達比：你的月亮與天王星有什麼相位？

同學：我的第十宮月亮四分相第七宮的天王星。

達比：這很有趣不是嗎？關於別人應該如何表現，我們要怎麼找到與之對應的態度，這源自這顆最豐富的行星。我要說的是，你透過母親得到自己的情感，正是透過她的身體，你吸收了生活中的事件，這些成為你的情感故事，並有助於你的靈魂發展。你從她身上吸收這一切，並承接家庭情感業力的領域以及家族屬地之美與破壞，但並不是全部——只有這個和弦、旋律或病理模式。每個孩子都拾起自己的和弦，並在子宮中學習如何彈奏，他隨著這個和弦進入生命，反複演奏，並且與此和弦中的其他人互動。

同學：你之前說的一件事是：對母親造成的傷害會傳承下去。

與母親之間的議題

達比：傷害，就其深度及廣度而言，讓我們用這個詞來形容那些阻礙了我們回應養育過程所產生的自然律動，讓我們將這一部分稱為「與母親之間的議題」。這讓我想到霍華（薩司波塔斯），他過去經常喜歡以自己獨特的嘲諷風格來提出這類的詞，我想寫在黑板上。

我的意思是，傷害——我們稱之為傷害——是誕生在這整個世界的一部分。我們每個人都有一個關於安全和無私之愛的個人／集體概念，這個概念與地球和時間所產生的一切混雜在一起，而這個概念

與每天發生的事情之間的差距越大，感覺就越像是傷害——這最明顯、強烈表現在與母親的關係中。由於某些原因，這對二十世紀的現代人來說是事實，回顧過去兩三千年的遺產，這很有趣，它為男性和女性之間的困境添加新的曲折。但是到目前為止，我們必須記住，一個長期、複雜的遺產很可能來自於鐵器時代的思想，對我們而言，重點在於我們與母親之間的關係，以及她距離我們從個人／集體得來的理想有多遠。除非你的月亮在巨蟹座第四宮、金牛座第二宮、或三分相木星巨蟹座，否則你可能會因為與母親的早期關係而感覺受傷。

同學：甚至可能在當時就感覺到了。

達比：嗯，也許不會，因為你正忙於天賦的生活。但是，由於集體因為過去、母親、父母而感覺受傷，因此，當你與外界接觸，你將在某個地方、透過外行星的活動接收到這個想法。從某種意義上來說，幾乎沒有任何月亮的位置沒有表現出某種差距，母親是女神原型的載體，她承接其形象，因為我們沒有任何女性神靈，一些天主教徒信奉聖母瑪利亞，如果你對祂有足夠的信仰，那麼你就比較不會將所有的不幸歸咎於母親。但是我們大多數人沒有教會或宗教信仰，也沒有神靈或女神可以依附我們的原型思想，因此，當涉及到完美、理想、神聖的女性原則時，我們以二十世紀西方的方式指望我們的母親，而她注定失敗。

　　我們已經要求自己的母親活出這個原型，此外，你們有孩子的

人也會期待你們的孩子將這樣要求你們，無論他們將來會不會，這
是另一回事。但是他們也可能完全沉浸在別的事裡，根本不會這
樣，只是，在本世紀的大部分時間裡，我們一直是如此。身為心理
占星師，我們著重在月亮及其位置和相位，看我們如何形容這種傷
害——完美的養育與母親的表現之間的差距。

有人說一下三分相和六分相嗎？為什麼比較少人提及三分相和六
分相，而那麼容易討論四分相和對分相？

同學：因為它們缺乏摩擦。

達比：說到三分相，你們就開始放鬆，你們不必意識到六分相和三分
相的的影響力，也許對六分相還有一點覺察，因為你們更善於運用它
們，卻比較少意識到三分相，因為三分相是天賦。所以有三分相的人
不了解為什麼每個人都不懂它有多麼簡單，因為他們需要做的就只是
這樣，然後事情就會發生了。而四分相都是關於努力，因為四分相需
要意識的發展，否則，你只會把頭撞向同一堵牆，或者永遠撞到別人
的牆。當月亮有相位，情緒狀況會激起母親情結，但是會更清楚、更
容易看到它們，並透過困難相位來掌握它們，不是嗎？而柔和相位似
乎就是這麼理所當然，以至於你無法真正掌握它。

同學：我的月亮三分相海王星，常被責怪過度介入別人的問題，在療
癒過程中，這真的是一個議題，只是我不知道為什麼這樣是不好或不

對，或是任何事情都不能這樣糾纏一起，好像我們就應該這樣和別人相處，而且，如果其中有什麼問題，那麼相較於無法理解別人的痛苦，它們並不是什麼大問題。

達比：那麼你的母親呢？

同學：她很關注我，後來感覺像是干預，當我的父親去世，她也開始酗酒，我原本以為我會傷心，但是我寧願難過，那樣的感覺好過完全沒感覺。

達比：是的，我知道，你的母親可能對於自己在與你、以及與丈夫的關係中的樣子有一個浪漫的印象，而你吸收了它，但是這個浪漫形象並沒有妨礙你的成長或安全感的發展。

那麼，如果是月亮／火星的三分相呢？這個母親精力充沛，但與四分相不同的是，這股能量並不會影響你的情緒節奏，它們以對的感覺凝聚在一起，並產生連結。當你想到月亮／火星三分相，或一個月亮／金星三分相的女性，或者在某位男性的星盤中思考這些星象以及他會回應的那種女性，月亮／火星三分相的女性會更充滿活力地表達自己的情緒，有時比較沒有月亮／金星三分相的女性那種優雅。但是這個星象會融入情感生活中，不干擾、不需要被察覺和注意，也沒有太受傷的感覺。

讓我重述一下，月亮落入的星座會告訴你需要適應的是哪一種母親原型，其中有十二種不同的形式；我不認為這個星座會成為問題，因為每個星座都有自己的世界和生活，也許某個星座會比另一個星座更自然、更舒適。但是黃道十二宮的故事是，所有的天性、所有的行星都有十二種主要類型或可能的表現方式，因此無論月亮落在何處，都只是其中一種類型，藉以體現女性特質的生活面。

月亮的宮位加深故事的情節，它可以告訴你哪方面的生活在初生的幾個月、甚至是幾年中一直處於被激發的狀態，使你的注意力在早期養育的過程中被這一方面的生活吸引。其他行星的相位似乎在干擾或幫助你找到生活養分之路，各個相位，當然某些程度上也包括宮位，說明了你的母親如何無法活出你的深層身心對於她所存有的原型形象，因此「傷害」了你。這樣的傷害在於：你的母親並不是原型本身，而相位給了你她如何偏離原型的模式。當然，每個占星師都會從自己的角度解釋模式，但是賦予模式的是星座、宮位和各個相位。

而且更進一步地，月亮的模式不僅揭示了與哪一類的傷害、扭曲或病態有關的資訊，並且顯露了指向你的心靈模式。正是月亮的配置從根本上告訴你心靈的成長之路，因此，關於月亮／土星的四分相，你可能會將你的靈魂之旅視為是在崎嶇道路上的旅程：一個充滿深刻孤獨和靜默之美，以及許多努力的旅程。

同學：正如我之前所說，我並不覺得母親傷害了我，但是我開始發現

我對事情很執著，通常我會認為這是因為其他人以錯誤的方法在做事，我不確定這是否與我的靈魂有關，我對你分析母子關係以及之後發展的方式感興趣。我不太明白「孤獨」這個詞，但是我的確不像年輕時那樣害怕孤立，我也不期望人際關係能使我擺脫孤獨，我可能會過度努力工作，以至於逃避了問題。當我一個人的時候，我會發現你所說的「永恆」──如果你是指時間似乎停止並且一切都沒問題的話。我在花園裡工作，我猜是因為月亮在第二宮。

同學：你可以看看另一個相位嗎？月亮與金星的四分相？

達比：好的，落在什麼相位呢？

同學：月亮金牛座與金星水瓶座的四分相。

達比：因此當月亮落在金牛座，你經由母親抓住、獲得、繼承的原型是一個土象母親，不是嗎？她是一個有著完美節奏的人，她的高低起伏、陰晴圓缺與周圍事物的接觸有關，與大地、她的身體以及你的身體的美好接觸有關。她將感官、可能性、記憶和接觸大地的美麗感受傳遞給你，你在一個結實、緊密連結的子宮中成長。

　　但是她自己的風格、獨特移動、穿著、自重、對自己的看法以及在人前的表現方式卻是另一種女性。落在水瓶座的金星會更聰明、古怪、有趣、更加以人為本，因此她與他人特殊的互動方式會影響你從

她身上感受到的能力——意即她最完美的養育。月亮／金星四分相的人經常會終其一生的尋找他們不曾得到的養分，而他們也確實得到了，但是只有片刻的滿足，這些片刻感覺是如此完美，只是永遠不夠長久，因此也無法完全令人滿意。人們已經意識到很好地適應生活、極佳的舒適感和情緒狀況，以這些可能性去引動這個相位，但是不可避免地會產生挫敗感，因為如果覺得太舒服，那就會很無聊；如果感覺興奮，那又太瘋狂了。人們一直覺得不滿和飢渴，而這種飢渴和不滿經常會讓他們結交到許多不同類型的朋友，並可能會發展出一種對於生活本身的激情，作為養育的來源，但也造成養育的挫折，這是個人與生命及靈性之間非常私密的關係。

當月亮落在巨蟹座或金牛座時，生命、愛情、交流在三秒、三分鐘或一小時當中是完美的，如此完美和完整。但是當它與金星產生四分相（無論是獅子座或水瓶座哪一端），使母親建立關係的方式破壞了這種完美原型，因此，人們一直在尋找那種完美的滋養——同時以一種確定不會得到（除了短暫片刻）的方式建立關係。我的意思是，首先母親並不應該給予這種完美滋養，她應該只是給予對於它的記憶，因為沒有人能夠滿足我們的原始飢渴；它是原型，或我所謂的原型——神、至高無上或不管是什麼——這種東西的樣子，而我們習慣稱呼的神、女神以及聖人，才應該滿足這種飢餓。

從某種意義上說，有了月亮／金星的四分相，你從母親那裡得到的每一種建立關係的模式將會影響你是否有能力去得到渴望的那種情

感滿足。雖然某些時刻是完美的，但它們無法維持太久，這就是後來帶入個人其他關係的模式。然而，正是這種狀況使人們產生了意識——也就是飢渴與現實之間的差距——這導致心靈的問題，並且帶來個人與生命、生命力之間的關係。

由於月亮的相位反映了干擾你與母親之間完美自然節奏的內在或外在因素，讓你知道你與他人相處以及生活相關的節奏。扭曲了自然節奏的這種破壞性——它描述著我們與自己、他人以及生命本身有關的私密關係，這些是我們與生命根源有關的節奏——它干擾著我們，並向我們展示個人特別的舞步。

我們將一輩子運用與這個根源（此種生命內涵）有關的方式，讓我們再更深入的探討它，看看我們與那些可能、或即將成為「重要的人」的關係。

當我們與另一個人產生身體接觸時，總是會觸發我們的月亮，越是親密的接觸，越是會激發月亮及其相位。因此，從某種意義上說，所有的親密關係都會讓我們回到根源——也就是我們的母親，經由她、我們的遺傳來表現我們與生活本身的關係。與某些人相處時，感覺、嗅覺、行動、聽起來像是母親在嬰兒時期會對我們做的事情，這是我們最天生自然的狀態，即使這種自然讓人感覺不舒服；她不像我們現在的母親，而是在親密時刻感受到的形象。我們說男人在妻子身上尋找母親形象，希望他們的女人成為自己的母親，即使他們

不希望她們變成那樣，在這方面，有一些明顯的事實。而女性與男性伴侶在一起時也需要有某種程度的舒適和安全感，因此，月亮也與我們有關。

我們的伴侶必須接受我們天生的反應和行動節奏——首先是自己可以接受，然後才是被伴侶接受。它是一種天生本能，當你與另外一個人有身體的親密接觸時，就會出現這種條件式反應，因為生命中與你最親密的身體接觸就是生你的那個人，除非你的母親在你出生時去世，否則你將持續在這種親密接觸中——這就是故事本身，並且經由你的月亮敘述——除非是情人或是當你生病、衰老時照顧你的護士，否則再也不會有其他人與你如此親密了。

在初生的幾個月或是三年中，任何與你的身體有非常親密接觸的人，都在為你提供往後親密關係的條件。

當我剛開始研究占星時，那時才二十多歲，在波士頓我們都相互往來、穿梭在彼此之間，我們過去經常圍坐著，檢視我們當時感興趣的人他們星盤中的金星和月亮，因此就會產生這樣的對話：

「哦，不，他的月亮摩羯座三分相土星，我永遠沒辦法那麼長時間如此，我太風象了。」

「但是你的月亮在第十宮，對你沒有幫助嗎？」

「你看，他的天王星與金星合相在雙子座。」

「所以他喜歡我，但是不會長久，如果他發現我強大的冥王星是如此沉重。」

「看！他的月亮與海王星合相在天秤座！我的太陽與冥王星合相，但是與海王星六分相，他對我來說終究有點太遙遠了。」

我記得對我們來說這是一個很好的練習，因為這是我們討論彼此、同時學習的方式，它也給我們一些愚蠢的想法，但我想這不會妨礙我們追隨自己的情感、慾望或其他任何東西。雖然我們可能根本沒有恰當地使用資訊，不過我想有時候我們需要無厘頭一點，我們的老師沉醉於占星的精神層面，每次上課之前我們都向大靈祈禱，並都深刻了解正在學習的精湛藝術，因此在休息的時候，我們會開玩笑：「嗨，你遇見誰了？」「好吧，他的金星在射手座，但月亮在金牛座四分相冥王星——這是指我嗎？」或是：「他的月亮在雙魚座。」「好吧，我繼續閱讀羅勃特‧白朗寧的書吧。」

同學：我們也會這樣，只是更多的是心理上的意義，有時候，這對了解另一個人是很好的事，但有時會阻礙你。

達比：當然會，我們是與相位互動而不是與個人進行交流，在某些固定的行為模式之下，人們始終是一個無盡的謎。但是回到主題，透過

某種內在認同，使我們被他人吸引——這是一種動物性直覺，非常原始也非常深奧。在我看來，我們是被心靈的需求吸引——需要與他人交流，藉由彼此的交會去接觸某些東西——也就是生命本身的源泉。當然，對於我們現代人來說，沒有什麼比這個更簡單而不複雜的事了，我們必須穿越迷宮。

　　但是，讓我們透過月亮來看它，男人被女人吸引，有很多原因，而月亮的故事是這樣的——如果可以用你的月亮來形容她，或者她可能近似於你的月亮感覺，那麼她便可以與你聊上一星期；而如果她無法在這方面表現自己，那麼可能撐不過一個晚上或一次聊天就結束了。或者若是她太完美，也不會持久——因為這不適用於有個性的現代人。我們被夾在中間，不再是只依賴本能、意識尚未完全發展的原始人，而是介於兩者之間，我們尚未接近集體的理想，但也不再只是受命運驅使。對於像我們這樣的人，如果她太合適了，經常會發生一些事情，就是由於某種原因而無法接受，這大概就像是我們不要別人過分完美地活出我們自己的另一面。

　　但是，如果她能符合一些條件，在某種動物的層面上就足以讓你知道她的節奏——也就是如果她夠符合但又不是完全符合，那就可以了。對於我們這種演化中的人來說，這樣的運作似乎是最好的組合，她必須足夠符合條件，你才能夠認出她，你才知道她是什麼、是哪一塊料，而你認得出這種編織，但是她又不能完全符合你的條件。你必須能夠收回投射，必須有所差距，如果她完美地活出了你的

靈魂，那麼你如何找到自己？用榮格的語言來說，你永遠不會與自己的阿尼瑪（anima）建立任何關係。

　　在女性方面，從她確實活出月亮及其節奏來說，會更神祕一點，因為女性的生活必須更貼近身體，在其生育的幾個月或幾年之中，根據身體發生的事情而定。無論她願不願意，在不知不覺中她的生活都更接近其月亮層面，而當她尋找伴侶時，她需要他活出她的太陽和火星——伴隨著一點土星……

同學：只有一點嗎？

達比：這取決於你自己與土星和天王星的關係，不是嗎？但同樣地，她也需要對方能夠接受她的獨特節奏，並且能夠回應她。她的月亮描述了她適應另一個人的能力及範圍——當對方接受她的節奏時，她會感到最自在，通過母親吸收的節奏就是她的節奏，並且希望能以這種方式得到滿足。

同學：你能舉個例子嗎？

達比：舉例來說，如果你是一個女性，月亮射手座四分相木星，那麼當你與一個極端的土星人，並帶有一點天王星特質的男性在一起時，一點也不自在，因為他必須以某種特別的方式讓你感到自由、在族群中得到釋放、不受慣例的約束。身為一個女性，妳必須可以成為

月神阿緹密絲，而如果他缺乏阿緹密絲的特質，再多的共同背景、智力或身體上的吸引力，都無法產生深刻的結合。我必須說，任何在一起的人們、無論親疏，很少沒有反映出他們的月亮位置和相位。有時候，你們可能會在某個二推月亮的相位發生時相遇，卻不知道為什麼，但是如果你多花些時間，真相將會浮現。這幾天我們見面、交流的時間很短，沒有時間可以確切地讓真實的節奏出現。

同學：我的月亮四分相海王星——這代表著我對女性有什麼期望？

達比：讓我們從一個男性的月亮位置觀察一下，它落在什麼星座呢？

同學：月亮在獅子座四分相天蠍座的海王星。

達比：你的母親就像是一個皇后，無論好壞，但是這位皇后在集體的冥界之旅中迷失了，她周圍環境的集體氛圍使她對自己的自然本能感到困惑，這位迷失的皇后將引領你去尋找氣質尊貴的女性，也許她們也迷失了，但可能是詩意、浪漫、極端、深情的。透過與這些女性的交往以及對這些女性的幻滅，進而發展你的靈魂。抱歉，這很神祕，但是在這裡我只能給你們一種想像，以表達這種思路。

同學：沒問題，我只想告訴妳，我的母親是一個酒鬼，嫁給了一個非常墮落的男人——也就是我的父親。當我十歲左右時，他們離婚了，她不再喝酒，並且發展深層的靈性生活，至今仍然如此。我愛

上的女性總是像個迷失女王、富有詩意，有時瘋狂、有時極富創造力。我自己的精神追求——尋找自我的靈魂之旅，才剛剛起步，我仍然要求女性要像她一樣——但是由於其中的差距，我逐漸感受到妳所謂的「根源」。

達比：你遇到的男人或女人很可能經常是你投射的一面鏡子，他們越個性化、清楚，便越快破除你的投射。如果彼此有情感上的聯繫，那麼你的月亮就會按照你的天生節奏開始運轉，準備行動、接受和給予、被滋養和遺棄、被提起和放下。如果你的月亮和天王星形成鮮明的對立，那麼你的期待和天生行為將具有一種不穩定、不可預測的節奏；它似乎是透過另一個人而來，或是你會感受到這種節奏對他人的影響，也許兩者都有。而月亮／水星的相位，你將在兩種溝通方式之間切換，兩者可能不一致，並且可能產生誤解。但是無論月亮有什麼相位，它是屬於你的，你最好了解它並處理它對你自己及他人所衍生的問題，因為這是你觸及自我心靈、時間及永恆之間的連結方式。

月亮與陰晴圓缺、潮起潮落、反映有關，這是我們期待被捧起和放下的節奏，這種期待可能不符合我們心中被接受和不被接受的完美方式，但這是我們的節奏。你會感覺被貶低、在電話中被分手、在主人打哈欠的情況下離開派對，而強迫散會則讓人有一種被拋棄的感覺。它撥動了和弦，而月亮就是那些直入你的存在核心的和弦，它不僅在你的人際關係中運作，也在你的生活節奏中運作。

現在，讓我們看看這種陰晴圓缺、潮起潮落。可以說我們必須被放棄、也需要被接受，必須說再見也需要打招呼，必須在月亮本性可以親近的所有層次上產生親密接觸，與此同時，我們也必須獨處。如果我們對別人都感到非常滿意，將永遠無法與自己、心靈、生活關係產生連結，因此，正是在放棄或失去的時刻、在被拒絕的那一瞬間，我們需要比其他任何時候都更加關注自己的這個過程——無論是在拒絕另一個人，或感到自己被拒絕的時候。如果我們沒有感覺被拒絕，那就是我們自我防衛做得太好、或是壓抑它了，我想那是同一件事。月亮顯示了我們在生活互動中的某種接受與拒絕，而生活意味著他人。有時我會感到被拒絕，尤其當我希望陽光燦爛時卻下起雨來，或者當我需要搭車時，公車就是不來。

同學：在這個國家，你一定經常感覺被拒絕。

達比：生活在這裡，讓我對自己有更深入的了解，幾乎是一年中的任何一天，我都有可能產生生存危機，特別是公車不來又正下起雨的時候。

同學：那是經常會有的生存危機。

達比：是的，我注意到英國人比較擅長面對這類事情，我常常是唯一在等公車的隊伍中，重新評價自己的生活和存在本質的人。但也許其他人也都暗自如此，而且我還不知道把它表達出來是不禮貌的事。

同學：你真的說出來了嗎？

達比：我必須承認我說了，最後我覺得自己像是走在倫敦街頭的一個「瘋子」，或有時候我在等公車的隊伍中有一些非常棒的交談。

同學：身為外國人的快樂。

達比：絕對是。我一直在描述的是，在任何的情感關係以及你對生活經歷的回應中，那些與月亮起伏有關的事。某個人自然地靠你太近，而當你需要時，他們又自然而然地走開；當你去度假時，正好下起雨，而你希望出大太陽；這就是人生，而你的月亮對此做出反應。

　　你的星盤會以或大或小的方式告訴你拒絕如何發生，如果你的月亮與火星有關係，當你打電話給一個朋友，她說六點鐘會出現，但是卻沒有來，或者電話正占線，你的火氣會立刻上來，直到觸動你六個月大時沒有得到想要的東西而感到的沮喪。如果你有金星／月亮的相位，當你去朋友家，但食物卻不如你期待的豐盛、連一杯茶水都沒有，或是他們有一點隨便，這容易使你感到不舒服、不夠被愛。讓我們繼續這個劇情：如果是月亮對分相土星，那會讓你覺得你被拒絕了，因為你不夠好，或者你做錯了什麼；如果月亮四分相水星，也許那天去的不是時候；而如果是月亮／木星的相位，你會自己攜帶很多食物，就不太可能發生這種事。

同學：或是雖然永遠不夠好，但是無論如何你還是玩得很開心。

達比：是的。

同學：如果是月亮／天王星的相位呢？

同學：你會很驚訝，因為你的期待太高。

同學：而且你甚至不知道自己有這麼高的期待。如果是冥王星呢？

同學：你會把食物從桌子上掃掉，然後永遠離開嗎？

同學：不，你可能什麼也不會說⋯⋯

同學：但是在回家的路上卻有一種生存危機！

達比：所以，你們看，我們剛剛討論的是不同的感受方式，這可能會挑起感覺記憶中拒絕的聲音。我認為觀察那些拒絕時刻真的很有用，特別是當它們已經累積了一段時間，因為它們暗示著是時候該轉向進入自己的內心。這可能透過你的身體進行——有些人可能經由身體、冥想、平靜，或者移動、舞蹈來連結自己的情緒波動和節奏；其他人最容易透過想像力——也是一樣的冥想、繪圖、繪畫、豐富想像的作品、做白日夢。這有許多方法，有些人以某種形式透過心理意識

及其創造過程，其他人則透過日常工作——洗車、熨燙衣服、清潔閣樓、園藝與內在產生連結。在一連串的敲打之後，當你又重新平靜下來時，就會知道那種內在空間的感覺。

　　我們根據你與生活的關係，以及月亮的起伏變化討論它，好像你已經充實了，現在該轉而向內、回到自己身上，以便可以再次出現、再次回歸。你已經達到圓滿，現在該是隱退的時刻，讓自己回到身體，回到記憶中、關於昨天、上週、去年發生的事，並將這一刻與幼時記憶連結起來，因為每當你被困住時，背後總會有一段童年的印象。每當你在一個又一個的過程中前進時，起初一切都很順利，然後突然有些事情阻礙了你，如果你停下來往深層處看，你的童年就在那裡。如果你有情緒上的反應，很可能是你的童年就在事情的表面之下浮動。根據你的月亮位置和相位，你的情緒反應可能會非常安靜或極端激烈，或者介於兩者之間。你的反應可能是「哦，天哪！」也可能是「很想殺人」或者是覺得「很混蛋」，但是逐漸地，如果你稍加留意，就會認出它。因此，隨著時間的流逝，你可能開始認出它其實是自己熟悉的東西，而開始投入並聆聽它。藉由與之對話的過程，你可能會發現其中的關鍵，而將經驗的事件轉化為心靈發展的食糧。

　　我們再一次地在此將月亮視為一種象徵，代表你與生活和他人之間本能的情感關係。我們一直在思考如何辨識這股潮汐的轉折，讓你獨特的節奏起伏去表達自我。我們正在試圖觀察如何以天生的節奏向外發展並轉而向內，如同我們的月亮及其配置所描述的那樣，以個

人與生活的連結方式去檢視自我認知的能力。月亮表現我們的共同點，透過月亮需求，我們與他人一樣，但同時這裡也是我們以各自不同方式處理共通性的地方。

因此，月亮／木星相位的人藉由擴展至不同物種、不同類的人和不同族群而與萬物產生聯繫；月亮／土星相位的人可能穿過艱難且充滿荊棘的風景去連結萬物；月亮／凱龍星相位的人則是透過人與人之間的傷口以及生命本身（生命有限）的創傷；而月亮／海王星相位的人會從哪裡獲得養分？

同學：酒吧。

達比：酒吧嗎？我本來想說眼淚，但是對於某些人來說是的。

同學：我經常淚灑酒杯。

同學：大自然和音樂。

達比：再次透過迷失的感覺、消失不見，去理解——這個相位有時候非常適合與環境融為一體。我認識一些真的非常優秀的攝影師，他們都有月亮／海王星的四分相。

同學：我的月亮四分相海王星、又對分相天王星，當我真的很沮喪的

時候，除了在車水馬龍的繁華街道上漫無目的閒逛，什麼事也做不了，不知道誰是誰，但還是有人在身邊。

達比：這不是關於與他們建立連結，對吧？

同學：不是，只是關於迷失在人群中。

達比：而月亮／天王星相位的人是——你必須與他們建立真正的聯繫，你必須找藉口與他們建立關係，只是要成為流動的一部分，那就是養分。也許月亮可以向我們展示如何浪費時間（土星）——因為如果你可以浪費時間，那麼就可以利用時間；如果不能浪費時間，那麼可能就無法善用時間。我說的浪費是從土星的角度來看，而不是從月亮的角度——也就是喜歡在街道上徘徊，或者，如果你有幸生活在接近大自然的地方，則可以漫步在山丘或田野。

同學：月亮和凱龍星相位呢？你都不討論嗎？

達比：我說過了。

同學：是的，你提到了，但是說得太少。

達比：感覺這裡的養分不夠嗎？好的。關於月亮／凱龍星相位我真的能說的一件事是（特別是強硬相位），它們反映了我們正注意到的創

傷——在於我們與地球本身的關係以及存在的物質基礎上。在這個時代，與母親之間的傷痛關係開啟了我們現在確定的事，也就是我們與世界陷入了傷害性的關係：我們無法停止破壞大自然，而大自然似乎也正在反撲，例如環境污染以及地球無法保護我們免於太陽強烈輻射的傷害。

那些擁有月亮／凱龍星特徵的人，似乎是以反映集體創傷的方式而受傷，食物和性的濫用以及親密和孤獨交錯的節奏，反映了我們與世界的關係，個人的這些相位無論以哪種方式表現自我，可能總會與集體和創傷的事物聯繫在一起。月亮／凱龍星相位的人反映了這種受傷物種、受傷世界的集體意識，而穿越他們情感創傷的精神之旅，或許可以讓我們重新與自己、世界產生連結。

同學：領養呢？它會表現在月亮的相位嗎？

達比：我不得不說我也不知道，我有一個親密好友是被領養的，隨著時間的累積，我發現有幾個客戶也是被領養的，但是總體上我看不見任何可以顯示領養的跡象。這種占星學令人失望，也令人放心，因為未知和神祕永遠存在。我敢肯定有人對此進行了適當的研究，並且可能知道在領養的情況之下有哪些相似之處。我認識的兩位女性都有月亮／金星的困難相位，一位是四分相，而另一位兩顆行星都與超個人行星形成四分相，但我還是不知道。

這種情況總是與麻煩的月亮相位相呼應，我那位被領養的好友金星／海王星四分相，月亮天秤座在第四宮與十二宮的冥王星巨蟹座形成四分相。從一個子宮中出生然後被另一隻手扶養，必定對一個人的生命造成深遠的影響。我的朋友在接近七十歲的時候便開始獨居，她的靈魂與生活緊密相連，過著狂放的情感生活，並且沉浸在深奧的事物中。因此，根據我自己的經驗，我知道領養這件事並不會阻止或妨礙靈魂成長，從某種意義上說，這只是另一種情況，而你會找到走過它的方式，或者像任何情況一樣，你跨不過它。

---

① 卡莉（Kali）：印度教中的重要女神。傳統上被認為是濕婆之妻雪山神女的化身之一，她以一種強大的女神的形式出現，由於她的破壞力，也被稱為「黑暗母親」。
② 波賽鳳妮（Persephone）：希臘神話中冥界之神黑帝斯的妻子，冥界的王后。
③ 狄米特（Demeter）：希臘神話中掌管農業、穀物和母性之愛的大地之母，與宙斯生有私生女波賽鳳妮。

第 5 章

月亮的行運

Transits to the Moon

表現月亮的因努特面具（Inuit mask）。

同學：月亮的行運呢？

達比：你是說與本命月亮產生的行運？

同學：是的，就像冥王星對分相本命月亮。

達比：讓我稍微討論一下這個主題，然後我們會休息一下。如果經過本命月亮的行星是本命月亮星象的一部分，它將啟動這組星象，這反映出你的情感慣性——此行運行星將觸擊這組星象，讓它發出聲音。而你所有的「煩惱」將被攤開處理，這將為你提供另一個機會，讓你回到過去，回溯幼年時期的起點，並深入你的祖先、直至根源。它會根據自己的邏輯引發自在或不舒服的模式，但會透過內在事件以及（通常是）外在事件引起共鳴。人們總會有機會深入思考，選擇接受或拒絕你自己的生命故事。

當行運行星不是你月亮的原本角色（不是你月亮星象的一部分）時，它可能會根據其自身運作的動態方式來反映事件，感覺更像是發生的事情，而不是事情終於**發生**了。它不一定會變成你的精神糧食，但是，你的星盤中總是會同時發生其他的事，因此這只是某種法語的文法課。

同學：法語的文法課？

達比：是的，這是規則，可以想像到的例外情況很多。當月亮無相位時，情緒就在那裡，但它與任何事物都無關，就好像情緒爆發了，如果情緒發生時你在現場，就會知道那個人是情緒化的；但是，如果你不在場，便不會知道此人曾經有過的情緒經驗。因為在情感上，無法進行自我對話，生活中的情感及心靈層面與構成個人的其他方面是各自分開的，因此，如果想要以無相位月亮去發展靈性成長，就必須以某種方式將自己與其他人分開。這是一個適合冥想的相位，即個人真正獨自地與自己、自我的靈魂及萬物連結在一起。

同學：如麗茲‧格林所說的，有點像是你的地下室裡住著一個租客，除非你下去那裡，否則你不會知道他們的存在，你可能會懷疑，但是你不知道他們是真的在那裡，直到你走下去。

同學：突然爆發的情緒，它們是你不知道的東西，是最原始及神祕的。

達比：我有一個朋友月亮／冥王星合相在第八宮，沒有其他的月亮相位了，她戀愛、有了一個戀人，在所有情況下她都充滿激情，當一切結束之後，她又回到了沉默的狀態。無相位的月亮是一種獨特的體驗，過去大部分時間都像是一本闔上的書，情感生活非常私密、非常獨立。它可以指出與生活之間的特殊連結，但也可能對別人很冷淡，這並不代表沒有愛，而是愛是一種獨自的體驗，它可能讓人感覺非常寂寞，但也可能以極私密的方式變得非常神聖。

　　我知道還會有更多問題，我可以在你們的臉上看到、在教室裡感覺到它們，但是，我將在這裡以本命月亮作為結束。我希望你們記住這些問題，稍後再問自己和彼此，我喜歡提出問題更勝於解答，我的意思是，直到你自己解決問題之後，才能夠擺脫掉它們。

　　現在是時候認真補充身體養分了，走！吃午飯去吧。

第 6 章

二次推運月亮

The Progressed Moon

盧茨（Lutz）的畫作。

現在我要來討論二次推運的月亮，這是最有趣的推運應用，因為它比其他推運行星循環走得快，行經一個星座只需要兩年半左右，大約二十八年繞行星盤一圈，回到它原本的位置。這個循環週期敘述著個人感情成長的開展故事，二推月亮引領你前進，卻總是讓你回到原點。它是一面鏡子，你受邀去映照生命旅程的本質——當你經歷他人的情感反應，同時也是對於生活本身的反應。它與土星循環結合，一起隨著時間的推移，向你揭示蘊藏的模式——也就是生命之毯的經緯線，運作在生命無限層次中。

在下一個月亮研討會上，我將討論兩者的交錯循環，不過，今天我只想檢視二推月亮行經的星座和宮位，來打開我們對於二推月亮的想像。透過這種方式，我們將開始探索，將它當成一面鏡子，用來發展你與靈魂的關係。我們將從幾把鑰匙開始去解鎖它的神祕之門。

月亮和靈魂鍛造（soul-making）

讓我先來討論一下詹姆斯‧希爾曼（James Hillman），你們知道他的著作嗎？看起來你們大多數人似乎都對他很熟悉了！你可以將他歸為後榮格學派，但這對這兩位男性來說可能都不公平，希爾曼當然可以說是受到了榮格的深刻影響，因為他在自成一家之前是一位榮格分析師。據我所知，他是牡羊座，太陽和月亮在牡羊座十一宮，他努力不懈的開創精神和靈魂，無疑影響了集體思維。當我努力整理自己對二推月亮的直覺去建立一種思想時，他的書來到了我生命中的某個

時刻。「靈魂」一詞對我來說蘊含許多歷史，包括早期的天主教教育
和所有一切，他的著作幫助我將有限的思維帶入現在，將宗教的想像
與心理意識相互融合，他的許多想法開啟了我現在向你們呈現的思想
發展。

　　他曾經引用過濟慈（John Keats）的一段話，這是讓我頓悟的理
論中最有力的洞見之一。濟慈給他的兄弟寫了一封信，在信中他將這
個世界稱為「造靈的山谷」，他說這就是這個世界的用處。於是希爾
曼發展了這種靈魂鍛造的觀點，而他的作品也幫助我賦予二推月亮直
覺的一種心理形式。

　　他將靈魂定義為：「使意義成為可能。」他說：「正是**靈魂將
事件轉化為經驗，在愛中交流，並具有宗教關懷**（我在此引用的是
《重新檢視心理學》（*Re-Visioning Psychology, 1975*）。」他繼續說
道：「靈魂深化事件的體驗。」他提到關於「靈魂」這個詞，他的
意思是：「我們本性中想像的可能性，透過反省性的思辨、夢想、
想像和幻想而體驗的模式——它把一切現實皆視為重要的象徵或隱
喻。」

　　我對此思索良久，我稱之為「靈魂」的事物，將我與時間的永恆
不變連結在一起，這是我的想像力的一部分或是基礎。它描述了我反
省生活事件的空間，事件發生了，正是這樣的靈魂消化它們、反省它
們，使之成為我的經歷，而未經消化、反省的事件不會成為真實的體

驗。這種「將事件轉化為體驗」的過程，是透過反省生活中的事件所衍生的想像而發生的，我們透過事件產生的想像來思考這些事件本身。

希爾曼將「靈魂」一詞從某種正規宗教的單一領域中移開，他說這就是靈魂，這是反思力量，想像力回到事件本身、重新審視它，並且與事件重新產生連結，這就是靈魂的鍛造。「靈魂鍛造」一詞非常令人玩味，這裡有一個虛構空間，其中發生了一些事情，而我想說的是：當我們朝著那個空間前進時，我們便與物質／精神交錯的那個空間建立了關聯，我們開始居處於有形／無形、物質／精神之間的空間中，我們的生活被賦予靈魂，並透過反思深入了時間及永恆。

因此，當某個事件發生在你身上，除非它在你的想像之中發生，否則無法稱之為事件，也非體驗，而正是反思使事件轉化為經驗。對於占星師來說，**反思及消化與月亮有關**。我想重複一下希爾曼的話：「靈魂將事件轉化為經驗、深化事件的體驗；靈魂在愛中交流，具有宗教關懷——其中與死亡有關。」靈魂的最終特質讓我們回到榮格的觀點——關於月亮是亡魂聚集之地，以及回到月亮聚焦於與祖先連結的這個角色。

你透過月亮可以緬懷先祖，人們也是這樣去記得你。透過這個過程，你不僅可以連結到個人的過去，還可以連結到深層的過去，而這些深遠歷史可以一直回溯到時間的開始。過去活在你身上，每一次的新體驗都會使你回到過去，並將過去帶到現在，從而引向你的未

來；你可以透過過去將自己與生命連結起來，透過母親的身體和子宮內的靈魂來吸收，然後透過與母親的經驗而個性化。在你的生活中，每一次新的情感體驗都會加深你與生命之間的聯繫，並穿過生命直到永恆。

同學：希爾曼直接書寫月亮的議題嗎？

達比：不，他寫的是與靈魂有關的議題。我現在提供給你們的一兩個他的觀點，因為它們對我幫助很大，我希望這不會造成混淆，他的某些想法已經成為我思想很大的一部分，以至於我甚至都不知道它們來自何處。《重新檢視心理學》和《夢與幽冥世界》（*The Dream and the Underworld, 1979*）這兩本書一起存放在我的書房中，而當然地，我也透過吸收他的想法來建立自己的觀點，偉大的作者賦予我們禮物——靈感的禮物。

　　他說：「靈魂使意義成為可能，將事件轉化為經驗。」正是「靈魂」——我們稱靈性自我的那個「部分」——使意義成為可能，因為是靈魂在進行反思，除非經過思考，否則無法產生任何意義，而具有重要意義的一切都將會被思考。現在對於身為占星師的我們來說，正是星盤中的月亮體現了這種反思過程。如果你的月亮（星座或宮位）落在水元素或土元素，可能會更自然而然的反思過去；而如果你的月亮（星座或宮位）是在火元素或風元素，則更傾向想像未來、向前展望，比較不會自然地省思過往。

剛剛說完之後，我想起一個關於霍華‧薩司波塔斯的畫面。他的月亮在金牛座，將我拉回到我們二十歲初來往時的那個年代，因為他的月亮在第四宮金牛座，總是會提起早期發生在我們身上的一切。我們在倫敦談到這些事，並將它們融入當下的生活：他記得我忘記的事情，讓我再度想起。我們彼此想起了越來越多的事情，將原來的故事編織顏色，為彼此的壁毯帶來光彩。如果我沒有來到倫敦，他只會成為我過往的一頁，然後在其他地方繼續延續，或許會、也或許不會被記得。但是我來到倫敦，與他來往，透過他的月亮金牛座，讓我與過去重新產生連結，將我們過去的情感延續到了當下。

同學：他的月亮是否與你的星盤有任何連結？

達比：有的，與我的金星以及第九宮的水星有連結，我們也是在國外再度相遇，我的月亮合相他的金星，因此我們可以「很歡喜地」順利重聚。希爾曼關於靈魂深化事件體驗的描述是本節的重點，經過反思，事件轉化為經驗；經驗具有意義、也通向意義，而只有事件發生的生活是沒有意義的。想一想為什麼木星在巨蟹座是擢升的位置，這包含許多解讀的方式，其中之一是透過省思自己的過去來找到意義。藉由反省你的經歷、將其作為生活的一部分，你的生命就可以連接起來了——事件的各個點結合在一起，形成某種模式，這種模式揭示了意義。

同學：你是說生命有最終意義，而你所描述的過程找到了這個意義？

達比：好問題，這是很難回答的問題。我說的是，我所謂的「靈魂」是物質與精神、有形與無形、時間與永恆之間的交匯點，當你與自己的這一部分進行對話時，便會參與其中以及它的反思力，這就是其本質。思想活躍之處——這樣的靈魂，當你投入其中，並順其本質運作，可以使你在時間和永恆之中凝聚生命力。靈魂在時間和永恆之間細細斟酌，藉以分辨生活中的各種模式，而這些模式反映在本性之中，並將你與本性連結起來。這些模式體現於時間，但也揭示了我們稱之為靈性的無形境界，也就是讓你重回時間，如此便衍生了意義。

同學：嗯……你能不能，我的意思是……

達比：我知道這很難說清楚，讓我用占星語言來表達吧。月亮代表你的母親，但是你的母親也有自己的母親，而這個母親又有她的母親——如此回溯到時間、物質、現實呈現之初；月亮描述了你的母親及早期母親的各個面向，但是它比這些更為深刻。透過與你的身體、生活以及他人相關的慣性模式，你重新回想起你的母親，這將帶你走進更深層的過去，超越了個人的母親和生命。

　　現在，二推月亮開始繞行，可以說自你出生的那一刻起，月亮便自我分離，帶你進入自己的生命。透過母親的身體所吸收的過去，深刻的過去被帶入當下，然後透過你與母親之間的互動加以強化、獨特化。這是透過月亮相關的相位和宮位，來揭示並以此建立與之相關的習慣。

而你的「二推月亮」告訴你，你也被吸引以其他方式與他人建立關係。是的，你的本命月亮不斷地被情感經驗強化，而未來也帶來新的體驗。透過追蹤二推月亮以及思索它所得到的體驗，回頭觀察自己的生活，並留意它現在的位置，再從其意象觀察你的情感生活，便可以賦予你的生命靈魂。

你開始察覺的模式將引領你思考，而這種思考會引導你往更深層省思。月亮一直在繞行，總是從一個點移動到另一個點，追蹤它並與之保持連結，你也必須不斷前進。如果你關照自己的內在變化，並與之同步（abreast 是很好的月亮相關字），那麼模式就會展現出來，而不會變成生活的執念。你在靈魂中反省，而你的思考可以讓你在生命永恆不斷的變化中存在，這種靈魂的鍛造，我想我更願意稱之為「靈魂關係的創造」，也就是與自我觀照的部分建立關係，讓反思和洞察意義的過程保持活躍。你生活中的事件不斷地被消化成經驗，而每個嶄新的一天都帶來更多的東西。

當你開始察覺到節奏時，生活就具有意義，這是日常生活中的一種模式，它具有意義。木星在巨蟹座是擢升的位置，如果我們給自己時間省思，在日常生活的起伏中，我們會找到意義，因此，藉由思考，事件轉化為經驗，而經驗帶來了意義感。我並不是說你會找到「某種意義」，我說的是，追求意義是人類的一部分，而察覺模式是人類的天性。模式的認知會導向意義，而這些意義通常會變成執念，阻礙了個人的進一步發展，我們正在尋找繼續前進的方式，讓事

物保持活力。

同學：所謂「意義」這個詞是？

達比：中間、中央，但也來自人類與心智；這個詞代表思考，實際上代表象徵、含義、重要性。

　　現在我們來討論二推月亮：你從某個位置、任何位置、任何相位的月亮展開生命，你出生了，被帶離母體，接觸到母親的外在身體。從你出生的那一刻起，便結合生活事件，讓它們逐漸成為你自己的經驗，以此與你的親生母親分離。這個過程剛開始並不明顯，出生後一個月，二推月亮僅離開本命月亮一度，這只是最微小的距離，然後接下來的一個月會拉得更遠一點，不過這都幾乎難以察覺，直到距離大約 15 度或 30 度遠才會被真正注意到。30 度大約是三十個月──兩歲半，一旦二推月亮離開你的本命月亮 30 度以後，你也已經兩歲半了，月亮與星盤中的每顆行星都已經發生過某種聯繫。

同學：這與土星停留在一個星座的時間相同──土星在兩歲半時運行了相同的距離，它也會第一次觸及到星盤上的每顆行星。

達比：是的，下次我將討論二推月亮與土星循環之間的關聯。現在我們只要記住，它們一直保持著緊密的關係──儘管在整個生命週期中它們會慢慢分開，這本身很有趣，內涵與形式逐漸分離，或至少發

展出一種新的關係,但是讓我們先將它擱置一邊。在第一個二十八年,它們幾乎齊頭並進,且在其循環過程中保持著出生時的關聯,如果它們在本命盤中有實際的關係,這會更明顯,也可能更有意義,特別是它們彼此有相位、或是互融、或者在彼此的宮位中。土星在第四宮的人當二推月亮運轉並開創新的滋養來源時,會感覺到他/她過去變化和改變的壓力;月亮在第十宮的人每當土星轉換星座和宮位時,將重新定義他們與工作、狀態或職位的關係。

同學:他們與母親的關係,以及她對他們的期望呢?

達比:好問題!個性發展的新面向,以及為了善盡生命義務而發展的新關係,都迴盪著某種情緒——也就是需要記得母親對孩子的期望。透過工作或社會地位接收及給予養分,因為外在的地位而產生飢渴期和精神匱乏,都將在土星每次轉換星座和宮位時重新啟動。二推月亮和土星週期都反映了生命下一個階段的分離、重新定位以及重新連結的面向。

但是,讓我們回過頭來看看月亮。從你與母親的遺傳根源來看,月亮初始之處描述著你們共有的事物,而你經由她化身、成為此月亮遺產的下一個可能性。那種月亮遺產繼續延續,家庭慣性模式的遺傳又更進一步,但是一開始她和你是如此緊密,你們之間幾乎沒有呼吸的空間;然後,你每一次呼吸,二推月亮就會移開一些,你正逐漸離開她,她還在訓練你,而你正在遠離她。

二次推運月亮的星座

　　我想依序討論星座，然後是宮位，在此我必須直接進入主題了。除了那些月亮牡羊座的人之外，二推月亮將在你出生之後的某個時間進入牡羊座。

同學：而我們是最後一個有意識地體驗它的人。

達比：是的。你的月亮在牡羊座，所以你會從那樣的情感優勢經歷這一切，但是奇怪的是，必須等到二十八歲時的二推月亮回歸（同時也是土星回歸前夕），在所有星座中最後才體驗到它。月亮雙魚座的人要等到第一次土星回歸前夕，才能經歷牡羊座，月亮天秤座的人將在大約十四歲時體驗它，但是無論何時，這都是一個開始。

　　當二推月亮進入**牡羊座**時，你展開一個新的週期，這與月亮進入第一宮不同。當二推月亮進入第一宮時，是非常個人化的開展，除非你的上升就是牡羊座，否則月亮進入的是其他星座，而這個星座描述了你個人投入生活的方式。這是你**獨特**的交通工具——你的人格面具、濾光鏡、盔甲、名片、面罩，這是你進場的地方，你表現及掩飾自己的方式。所以它也描述了你生活的一個新階段，生活互動方式與情緒節奏、情感方式之間的連結，就好像你的人格被賦予了靈魂，與內在產生連結，過去與現在融合於個性表現中。

當二推月亮進入牡羊座時，這個星座在你星盤的另一部分，你有大約兩年半的時間可以盡可能地去體驗成為牡羊座的感覺——果敢、英勇、有動力、自我驅動、狩獵、尋求、行動。

同學：自私、憤怒、苛求……

達比：是的，輕率、不耐煩、急著走進生命，這是你體驗那種能量感覺的時候了。當然，它會隨著落入的宮位和形成的相位而調整，特別是與你的本命月亮之間的相位。除非你有行星落在牡羊座，否則你不會全然變成牡羊座，但是你會盡可能地感受到這種匆促、動力。這是真的是「精子的能量」，它是你噴飛中起飛、衝出幽谷、朝向結合及出生的地方，你與從無到有的最初衝動連結在一起，這就是創造的誕生。

當二推月亮第一次來到牡羊座時，你可能會比第二次更失控，第二次也就是接近三十年之後，自我驅動的衝動就在那裡，但你有更多的反思能力，因為有多年的經驗在背後支持。但即使你已經九十歲了，還是會有衝勁，你會感到有一種躍躍欲試的衝動，越竭盡所能越好。當你的二推月亮來到牡羊座時，想要反省和靜下來確實是有點違背意願，你就是沒有辦法！也可以說，任何在你二推月亮入雙魚座認識你的人，此時可能都會覺得你開始有點傲慢！

一旦二推月亮進入**金牛座**，一切就會安頓下來，而在牡羊座啟動的事物，現在正在努力落實，你的靈魂正在發展你擁有的穩定及頑強

的毅力，而它所觸及的宮位和行星，將會告訴你更多與這種專注有關的內在和外在事件

　　當我的二推月亮第一次進入金牛座時，我喜歡上樹木，沉浸其中並為之癡迷，因為我有一顆快樂的行星在金牛座，因此這種喜愛一直持續，這在當時是一件很浪漫的事。金牛座可能會對於那些和自己的身體或感官享樂有曖昧關係的人感到不舒服，但另一方面，它確實在很大程度上吸引你走進大自然，讓你有時間去感受親近大地及塵世之美的感覺。

同學：占有慾和嫉妒是其中的一部分嗎？

達比：占有慾和你的深度依戀、也許還有嫉妒，我想這取決於其他事情。在這段時間裡，你創造了屬於你的東西，在牡羊座開始的衝動，在金牛座變成屬於你的。

　　一旦你的推進月亮進入**雙子座**，一切都會分裂，同樣地，這是否讓人感覺舒適，取決於你的本命月亮，而與它對應的事件取決於其他星象——行運、其他推運以及月亮的本命狀況。但這裡是你可以與自己的靈魂對話的地方，你將發現有兩個自己：一個在當下、一個在他方，而他們必須對話。有時你可能會被隔絕和分裂，但你也可以與自己的另一面或者其他人展開對話，這是你以前無法接觸到的。在雙子座所在的宮位，你都會體驗到二元性的感覺。

同學：或是所在的兩個宮位。

達比：是的，你的雙子座跨越兩個宮位嗎？

同學：對，而我的二推月亮剛剛越過第七宮和第八宮的界線。

達比：你可能會發現之前喜歡的交談變得有點平淡，現在你可能需要與人展開更深入的對話。

同學：我有生以來第一次享受聚會的感覺，但上週我去了一個派對，覺得很無聊。現在想一想，可能是我尋找的是另一種關係。

同學：二推月亮落在第八宮，我想知道它可能是什麼？

同學：我知道了！好吧，你應該提到它，因為很有趣，出現一些我以前沒有注意過的性感女人。

達比：由於你的二推月亮在雙子座，又在第八宮，這一陣子你可能會有一些瀰漫著特殊情調的談話。

同學：我得警告我的伴侶了。

達比：是的，雖然有一些是你與她之間的對話。二推月亮進入雙子

座，使個人和他人及自己之間有一些更微妙的私密對話，一種讓人感覺分裂，反之另一種是讓分歧的事情變得完整。

當二推月亮進入**巨蟹座**時，或許會陷入某種情緒，這對於風象或火象的人來說可能會感到不舒服，人們會發現自我控制和築巢的需要或能力。

我必須說，我還沒有遇過一個二推月亮在巨蟹座女性，正值生育年齡卻沒有一段想要孩子的時期。對於那些生物本能沒有被阻斷的女性來說，是時候生孩子了──對那些可以生孩子的人來說，這是很難抗拒的吸引力，因為這是古老的、對於生命力的需求。此外，這時也會出現所有尚未處理的、與安全感有關的自然需求。

同學：我的二推月亮巨蟹座在第七宮，我對我的丈夫有很強的占有慾。我的月亮在牡羊座，金星在雙子座，因此我完全不是那樣的人，但是前幾天我哭了，因為他週末和一些男性友人出去，我感覺被拋棄了！我不敢相信，他也無法相信，他從來沒有看過我這樣，一直出現那種鬱悶的感覺。

達比：情緒的高低起伏，但要留意這些感受，它們可能讓人覺得很笨、不舒服，但如果你能隨波逐流，可能會發現一種前所未有的親密感。你和所有對自己的伴侶有相同感受的女性，以及所有黏著女人的男人產生了共鳴，我相信你以前無法忍受他們。

同學：這樣說有些輕描淡寫，我覺得自己就像一個軟弱的人，那種我以為自己永遠不會變成的人，這樣哪裡好呢？我丈夫也是偏向火象和風象的人。

達比：從靈性的角度來看，脫離自我的感覺和生命經驗並不是一件好事，我們從自己狹隘的觀點去評判他人，因而切斷與他人的連結，這違背了月亮的智慧——也就是月亮陰晴圓缺的智慧，對一切事物都散發寬容的光芒。我們必須感受人類的一切，才能夠受到生命豐盛的滋養、成為世界靈魂的一部分，並真正與生命深層根源產生連結。感覺依賴、需要保護、並希望成為家庭的一部分，這就是人性。有些人比其他人擁有更多這個部分，而你現在也擁有了！擁有被排拒的人性部分或許讓你產生深刻的一體感，這可能會讓你得到你將永遠珍惜的親密感。但由於你丈夫的火象本性，如果你不想嚇到他，可能必須向他解釋這種情況只會持續一段時間；另外，確定知道他的二推月亮走到哪裡，這樣你們就可以互相了解彼此的發展。

同學：我覺得他的二推月亮可能是在處女座。

達比：那麼他就可以運用它，每個月亮推運都有其美麗和令人不安的一面，也都適用於陰晴圓缺、高低起伏的故事，而每個位置都會為你帶來豐盛和乾渴。當二推月亮在巨蟹座時，是讓你感覺最安全和被包容，也是最被忽視和隔絕的時期，而正是這些節奏的體驗，將你與大地的生命節奏連結起來。想讓自己沉浸在美好的感覺中，這會讓你有

點生氣。

　　讓我們繼續談**獅子座**，無論獅子座落在你星盤的哪個位置，它都會告訴你精神核心的光從哪裡穿過，或者你可以說，生命力照亮了生活的哪個領域。我突然想稱**太陽為生命力，而月亮為生命根源**，言語是如此不可及，它們同時彰顯並隱藏事物，它們闡釋也同時令人感到困惑。

同學：荷米斯（Hermes）①。

同學：詭計多端。

達比：是的，魔術和騙術。無論如何，獅子座掌管的宮位當然和太陽落入的宮位不同，除非你的太陽落在第五宮的獅子座。獅子座所守護的宮位透過微妙的連結與太陽落入的宮位產生關係──就像是國王的夏宮，因此當二推月亮進入獅子座時，夏宮的燈火就會被點亮、準備迎接客人，而女王也將出現。你的靈魂與傳承中所有尊貴、驕傲、傲慢、模範、專橫、怨恨和領袖特質的祖先們相連。

同學：怨恨和領袖特質？

達比：是的，我認為月亮（非太陽）獅子座的困境之一是它的不滿，或類似的東西。它有這麼多美好特質，但它承載著我們進入水瓶

座世界所沒有的期待。

當月亮推運進入獅子座時，人們會期待一些輝煌的事物，而當生命表現精彩時，它是偉大的；但是當燈火熄滅時，它便變得灰暗、沉寂，當潮汐退去時，我注意到有一種憤怒的感覺。那些擁有易於表達怒氣和憤慨的行星的人找到了出口，但那些沒有的人則徬徨不定，如被放逐的皇族。

我想到了一個天蠍座的朋友，他的月亮最近穿過獅子座，並行經他的第十宮，當他中斷工作時（就像定期發生的那樣），既困惑又受傷，他並不是會將怒氣和憤慨表現出來的人，只是看起來有點邋遢和失落，彷彿他穿著金袍，卻被雨淋濕了。當月亮獅子座散發光彩時──我的意思是生活以及和所愛或欣賞的人建立關係，這是多美好的時刻！一切是那麼不可思議，你登上了巔峰。但是當宮殿關上大門、陷入黑暗，迷失的自我遊蕩街頭，我們知道成為流離失所的皇族是什麼感覺，這個國家有很好的經驗，你不覺得嗎？是否有一點同情那些人？

同學：你是保皇派嗎？

達比：可能吧。不，我是個浪漫主義者。

同學：那麼，有獅子座的行星嗎？

達比：這是祕密。

同學：在第十二宮還是第八宮？

達比：我們可以繼續我們的討論嗎？

同學：好的，我們準備討論處女座。

達比：讓我們來到處女座。二推月亮**處女座**接在獅子座月亮之後令人感覺有些衝突，對某些人來說，它是平靜的，對於其他人來說，它又太堅韌了。當我的天蠍座朋友月亮進入處女座時，仍然在第十宮，他說：「我現在感覺好多了，比較不會受到外在的影響。」他繼續他的工作，這很適合他，因為他的太陽也在第六宮。不管你喜歡與否，處女座的時期是你開始解決事情的時候，而處女座守護的宮位──你們知道我的意思是處女座所在的地方──無論如何都是你必須追蹤細節的地方。但是，這也是你與祖先的某部分建立連結的時候，在那裡，那些為生命服務的人還繼續存在。在你為生命服務的過程中，你將發現樂趣和不斷出現的小任務，而任何干擾你處理事情的障礙都會激怒你。你照顧著你的花園──生活的任何部分都是你的花園，日常生活的起伏會激發你對一切污染都很敏感的靈性部分。你會敏銳地感受事物，並對於任何有批評意味的評論都十分緊張，你盡可能地像一個職人，但這取決於其他因素。在這裡你可以編織生命，生活的快樂與煩惱都反映在你的身體和靈魂上。

　　天秤座是一段平衡時期，天秤座所在的宮位是你必須一次又一次地尋找、失去並找到平衡的地方。二推月亮行經天秤座，讓你向美麗、真理及其創造敞開大門。你的靈魂想要尋求它的平衡點，尋找、失去、再度找到它，你會發現自己內心最需要、最享受的平衡。醜（你覺得醜陋的事物）會傷害你，在關注美和優雅的過程中你是最自私、也是最慷慨的；那些優雅的人會吸引你去接近他們，那些粗俗或不成熟的人會讓你感到厭惡，這一切讓你吸收並激發本性中的這些面向。人際關係，尤其是伴侶關係需要你的良好平衡、以及你天生或後天的優雅，這取決於其他事情。這是你的靈魂發現其妥協能力的時候。

　　從天秤座移動到**天蠍座**，感覺就像是從海灘走向海洋一樣，我在此說的不是地中海，更像是大西洋，根據我的經驗，它非常狂野。這是一個情感濃烈的時期，天蠍座掌管的宮位，就是騷動所在的地方，衝突和淨化是這個宮位給你的部分體驗。任何的自欺都會因為黑幕降臨而付出代價，你最深的恐懼和權力經驗是由關係和生活事件帶來的，而這些事件反映在行運和其他推運中。你經歷了風雨，那些喜歡狂風暴雨的人在此之中、在瀕臨邊緣之際才最有活著的感覺。這裡是臨崖之巔，從某種意義上說，二推月亮落入的這個宮位激發了你被遺棄的感覺，以及無論如何都能夠重生的能力。你帶著某種深刻的清明和自我力量感走出了此二推月亮時期，但這股力量是由生命本身賦予的，我們在其中生、死、活著、最後消逝，而在這段時期的某個時刻，你將會與之相遇。

　　然後二推月亮進入了**射手座**，這對我來說就像是一場派對。對於某些人來說，這個推運當然是太散漫了，對於那些理智凌駕於想像的人來說，它有時候是混亂的。你的想像力將迎風而起，它所在的宮位告訴你想像力將在哪裡激發你走向未來，並帶著你個性中的信念和樂觀。這也是一個飽含焦躁能量的地方，可以將你提升至充滿可能性的層次，當然，它也會讓你從狂妄自大的巔峰跌落下來。但是你可以繼續冒險，而且這相當有意義。你天生的情感開放，可以感知到每個地方的不同模式，但若是你的既定立場是「那是沒有意義的」，那麼這一定是一個非常不對的時機，雖然這種情況也可以變得有意義。

　　當二推月亮進入**摩羯座**，那些在射手座時期激起重要想像的東西會在你的性格底層開始成形，對於那些投入真實工作的人來說，這絕對是一段美好的時光。它可能是孤獨的，很多人都會感受到心境荒蕪的孤寂，但在這裡，為了實現目標而嚴謹努力的所有才能，都將成為你的養分。

同學：這是什麼意思？嚴謹的努力可能會帶來養分，但這個星座本身並不是養分。

達比：是的，我知道你的意思。摩羯座的對面是巨蟹座，因此對於二推月亮來說，它應該是一個不舒服的位置，但這不是我到目前為止的經驗──至少對於成年人來說並非如此。我的兩個長期客戶告訴我，當二推月亮在他們十幾歲進入摩羯座時，感覺非常孤獨，其中一

個失去了母親,她不得不承擔起部分照顧所有年幼孩子的角色;另一個失去了所有的朋友,出於某種遺忘或不曾理解的原因,他把所有的時間都花在玩數學謎題上,而他的確成為了一個數學家。

　　他是在二推月亮第二次經過摩羯座的時候來找我的,它又一次令人感覺孤獨,只是沒有那麼強烈,但是由於成熟與理解,這次變得不同了。當二推月亮進入水瓶座、跨越他的上升點時,他突然激發出不可思議的概念,而這個概念多年來持續供養著他和他的同事,當然還有他的家人,以它穩定獲利,而孤獨感也可能是來自於第十二宮。

　　這裡的重點是,你在某個生活領域中的孤獨和專注、責任和承擔、以及技能發展,都被這顆月亮凝聚在一起,並成為你心靈生命的一部分。在這段時間裡,隨著在二推月亮摩羯座中所省思的可能性,給了你一面鏡子,你可以在其中照映出生命彰顯的現實。你相當於站在荒涼山巔,獨自一人,或對他人負責,讓你有能力去理解現實中的這個部分,也就是週期循環中「責無旁貸」的部分。

同學:那你說的「真實的工作」是什麼意思?

達比:我說過這個詞嗎?真實的工作是指你親自去做的事,全心全意地投入其中,並且通常會因此得到認可,儘管不一定有薪水。我有一個朋友,她是一位家庭主婦,這個老式職業已經有點非主流了。她深愛她的丈夫、家人和房子,她是一位專精的管家,而由於她的工作是

出於愛，因此不會讓你覺得在她家裡哪裡都不能坐下；她並不是那種歇斯底里的管家，而是不知怎麼、就是那麼自然而然。她熱愛她的工作——這份工作就是為她的家人打理家務，在我的朋友圈和熟人圈裡這是少有的！當她的二推月亮進入摩羯座時，我以為她會想出去找份工作什麼的，她確實也有過這樣的想法，但後來她決定重新整理地窖和閣樓，最後她有了一個更大的房子，讓我大開眼界。

　　每顆二推月亮都會讓你進入生命週期的另一個階段，並且會因為它在你星盤中的位置、以及它如何受到行運和其他推運的影響而個性化。但是每顆月亮、每一個星座，都會無情地將你從生活的某個面向翻轉至另一個面向，當你的靈魂反觀自我時，便會更深入地融入生命。在某種程度上，我們總是在取捨——畢竟我們是受造物，但在你的心靈中，你有反省力，這就是你用來將生活事件變成經驗、讓你與生命根源產生連結的力量。

　　當月亮從摩羯座移動到**水瓶座**時，通常不像其他星座轉換那麼明顯，也許是因為這兩個星座之間的土星連結，當然，除非你有行星就落在水瓶座的 0 度或 1 度。因此有一段時間，二推月亮似乎延續著土星的主題，但最後你會發現它比較無法控制。水瓶座落入的任何宮位，都是你無法遵循傳統的生活領域，你可能想要、也可能會嘗試著依循傳統（這取決於你的土星有多強），但你真的沒有辦法，因此，當你的二推月亮走到水瓶座時，你會做一些切換。它的養分是各式各樣的體驗，而它的渴望是立即的一切，在這段時間你所得到的心

靈體驗是豐富的,而思考則是片斷的。但是你會盡可能地去體會做自
己的滋味,這是生命至此還少有的經驗,這個階段喚醒了你在其他階
段所無法達到的部分,而透過省思,你的靈魂喚醒了它的獨特與一致
性。你加入了俱樂部,可以說是任何傳達你的理念的俱樂部。

　　二推月亮相對緩慢地進入**雙魚座**,反正雙魚座落入的宮位就是你
的熔點,不是嗎?奇怪的是,或許也並不奇怪,這似乎是一個相當極
端的時期:如夢如幻的狂喜,永無止盡地狂悲。你可能會說,你的心
靈正在凝聚著生命至此所有未解決、未完成的情感經驗,它們進入你
的人生,永遠屬於你,繼又消散、歸回永恆。沒有詩,我們就無法談
論雙魚座,但讓我們試著講一點實際的:雙魚座可能令人狂悲,也可
能令人狂喜,而得到養分的途徑是幻滅與失去自我的位置。你付出的
越多,自我省思的時間就越少,但有時候,思考可能是一種最好的方
式,去深入生命,並承受最終消散的這個事實。

　　我知道,透過逐一討論各個星座,我挑起了各種挫折,因為任何
人都可以說:「對,但是當我的二推月亮在雙魚座時,我得到了一份
新工作而且拔了牙,這和雙魚座有什麼關係?」然後我們可以繼續推
演所有的資訊:「但是你的土星在哪裡?它是如何與這個或那個形成
相位的?而這個或那個在什麼宮位以及有什麼相位?」等等。我在這
裡想要給你們的是一個富有想像的可能性,藉由它進入二推月亮所反
映出來的你。而一旦你認知了體現自己的某個或多個形象,那麼你可
以在任何階段隨時回到這裡,將你的生活帶到心靈的層次。

今天早上我提到本命月亮星座是你在子宮時期所發展的東西，它帶著祖先的習性──祖先的和弦構成了你情緒發展的基調。而這個和弦是你與他人及生命經驗進行情感交流的個人方式，其宮位和相位進一步定義它，並將它個性化，但星座就是這個和弦。

現在，當月亮向前推進時，你可能會說它彈著你沒有選擇的和弦──這個你在出生時所沒有的和弦，但是我們擁有一切存在方式，回到宇宙誕生之初，一切都在某處。當你的月亮從一個星座移動到另一個星座時，你可以暫時接觸到超越自己的東西，藉由接觸每一種存在方式，你最終可以進入更深層次的狀態。我不認為運用你的二推月亮、以這種方式思考生命可以為你帶來更多的快樂、平靜、安慰、或解決任何問題，但是它確實可以讓你更完整地處於人性與神性、天使與惡魔之間，就只是這樣。

你們之中有人使用二推月亮嗎？你們對它有什麼了解？

同學：我知道我的二推月亮在天蠍座，需要注意的是，當二推月亮確切地進入某個星座的時刻，你會覺得很刺激，然後它安定下來，你便能夠吸收其中的能量。但是當它第一次進入那個星座時，你遇到了某個人、發生了一些事，顯示「二推月亮改變星座了」，它準時地發生在我身上。

達比：但我認識你，你是一個立即反應的人，你可以告訴我們當它進

入射手座時發生了什麼事。對我來說,我需要幾週甚至幾個月的時間才能夠注意到這種改變,但我像是一個印象派,而你更像是一個優秀的蝕刻師。對於月亮,我喜歡處理事物的層次,二推月亮進入天蠍座時,不同於它在第八宮運行或者本命冥王星或行運冥王星的重要連結,它們皆激發了深度,但以不同的方式並有著不同的結果,所以二推月亮有多重層次。

從某種意義上說,二推月亮所指向的地方,是生命正在撥開你的關係病徵之處,並透過本命月亮顯現出來,在它移動的過程中,從不同角度、不同的方式如此做。如果你的月亮在八宮,並且對於被遺棄的排拒特別敏感,那麼二推月亮的每個新階段都會在某個時間點、以自己特定的方式激起這種感受。

同學:你有機會從十二個不同角度感受到被拋棄的感覺!

達比:而且每一次,你都有機會從新的角度去處理它,或者強化你對它的原本感受和想法,但它也讓你以其他方式成為一個人。當二推月亮在雙子座時,它讓你在八卦的層面上進行連結,你的月亮可能在處女座第十宮,從來不八卦,因為似乎不恰當;但是當二推月亮進入雙子座,如果你不八卦,就是錯失良機了!八卦是流動在我們之間的氣息的其中一個面向,你可以選擇你八卦的層次,現在以一種獨特的方式、強烈表現想要與他人以及未知自我產生連結的衝動。

同學：你的意思是你終於可以公開所有你知道的官方職員醜聞？

達比：如果這樣的話我想我應該會惹上官司，我可以看到小報的標題寫著：「是占星師叫她這樣做的！」我的二推月亮此刻在第七宮。

同學：無論你現在說什麼，都會在它進入第八宮後回來找你麻煩。

達比：我先疑神疑鬼了。

同學：當我的二推月亮進入巨蟹座時，我不記得自己有想要孩子的感覺，但我確實為房子增添了很多植栽；此外，這是我第一次獨自生活，我很喜歡。

達比：當你的二推月亮在巨蟹座時，你可能不會想要生孩子，不過當二推月亮結束雙子座的運行時，令人難以置信的是有不少女性會開始想要孩子。但是對於那些與洞穴、家庭、族群延續的古老自然衝動沒有關聯的人來說，仍然會以某種方式表達這種人類深層的部分。通過觀察「如何表現」，你將個人生活反映到更大的生命中。

　　當二推月亮進入獅子座時，如果你不覺得自己有點自吹自擂，那你就是錯失良機了。這意味著當它進入別的星座而你發現其他人都在自誇時，你會潑他們冷水，無論如何你可能都會這樣；但如果你在二推月亮獅子座時期省思過自己的感受，就更可能在內心深處理解這種

衝動。如果我們活到了七十歲，卻缺乏某種寬容，如同浪費了大半人生。正是二推月亮讓我們有機會更貼近人性，如果你經歷了兩年半真的自滿、然後洩氣、然後再志得意滿，然後又失志，當你看到別人這樣，你不會無法忍受，你不會！但我不知道這是否真的是最重要的事情——也就是運用你的二推月亮來反映你的內在傾向。好吧，也許是，想想看。

同學：還有沒有其他需要注意的事？

達比：問得好！我在此觀察到的兩件事是月亮反映情感的起伏——對於外在的他人以及內在的自我，沒有孰重孰輕，兩者都一樣重要，感情的起伏是自然而然的，因為這是地球水體的天性。二推月亮經過的每個星座都有其指向，也各自有集結事件並化為經驗的方式，內在和外在的事件透過行運和其他推運反映出來，而月亮以感受將他們匯集在一起，形成經驗。

　　你可以關注二推月亮，留意它的變化來觸及那些內在層次與感受。本命月亮的資訊為你提供了出生就有的情緒模式，而二推月亮可以讓你了解最新狀態及感動，將過去及其習慣和體會，與現在及其豐富和空虛交織在一起，並作為反映你生命的一面鏡子。而它所經過的星座和宮位，為你提供了鏡子的面向。

　　談一個比較輕鬆的話題，我注意到當你從一個星座移動到另一

個星座時，個人的風格會發生改變，與男性相比，這可能更針對女性。當你的二推月亮改變星座時，你會改變風格，所以要小心，當二推月亮走到星座的末尾時，不要被促銷吸引，我有過這樣的經驗。

同學：什麼促銷？

達比：我想的是一服飾的促銷活動，當然，它也可能是任何東西。我注意到如果我在二推月亮走到星座末尾時買東西，到了下一個星座時，可能就會後悔。

男同學：我從不改變我的穿衣風格，我這條牛仔褲已經穿了十幾年了。

同學：我們注意到了。

達比：正如我所說，相對於男性，這種情況可能更經常發生在女性身上，但是以衣服和顏色表現自我的男性也可能會注意到這一點；而不在意這方面的女性，則不會有感覺。

同學：所以你不應該在二推月亮雙子座時買房子，因為等它走到巨蟹座時，你可能就不喜歡這個社區了？

達比：嗯，我不確定我是否想在這裡鼓勵這樣的事情，我不想鼓吹大家這麼實際地運用二推月亮，這裡還有別的東西。也就是說，如果你

開始關注二推月亮的星座領域引發你情緒反應的事物，你就會對某些事產生感覺，並以某種方式追尋你的內在生命。我不是故意用這樣一個具體例子來轉移你的注意力，也不想讓你這樣為自己樹立準則，只是我剛好注意到隨著時間的經過，我的風格會被我所經歷的二推月亮調整，也許那是因為我用衣服來表達我的情緒，所以二推月亮以這種方式與我對話。如果你用家來表達你的情緒，那麼你很可能會改變它，或者每次轉換星座時都會改造它。這是關於去注意是什麼表達了你的感受，並留意當你走到一個星座的盡頭、並進入另一個星座及其世界時可能發生的變化。

同學：我的二推月亮在天蠍座已經快兩年了，在那段時間裡，我母親有冥王星的四分相。

達比：所以你們倆在某種程度上可以相互分享這樣的星象，在你們所談論的事情以及能夠接觸的事情上——如果你們能夠分享的話。

同學：幸好我們可以。

達比：這提醒我暫時回到母親的主題。當你進入每下一個星座時，你與母親的互動也會發生變化，我覺得這些在月亮推進週期中更為明顯，我會在下一次研討會上講到——當你的二推月亮與你的本命月亮形成四分相、對分相等等。我認為也值得關注每個接續的星座，藉以觀察你與她新的關係面向；另外，還可以了解她的二推月亮在哪

裡，以及你和她的二推月亮之間的關係。我有一個朋友，他出生時的月亮和他母親的月亮是四分相，他們度過了一段艱難的時光，直到他快三十歲時，那時他們的二推月亮已經相互形成三分相，而且他們的關係多年來也有所改善，因此它可以用另一種方式運作。我們也可以說，經過這麼多年，你們的關係會變得越來越具有挑戰性，看看你們的二推月亮之間是否有不順暢的相位。

同學：我好像每兩三年就換一次關係，這有點可怕——可能是因為每次二推月亮改變星座！

達比：檢查一下，看起來確實有點極端。

同學：當我的二推月亮改變星座時，我沒有換朋友或伴侶，但我注意到我會重新評估每一份友誼，我已經關注它大約十年了。

達比：這是有道理的。說到伴侶，記錄伴侶的月亮和你的月亮是不錯的事，我注意到和你的二推月亮有六分相的人，你們的關係最為友好，相較於其他人，可以更放鬆、更有趣一點。當然，二推月亮的對分相可能是最有趣的，但需要關心和注意你們之間交流的東西。三分相當然很好，當然，四分相就是四分相，我有一個親密朋友，我和他的二推月亮來到相互形成四分相的範圍，而我們本命月亮沒有關聯，我著迷於我們如何無休止地詮釋彼此對對方說的話——關於人、關係和生活。月亮總是在你最親密的關係中最明顯地運作，而

且，這是一種釐清孩子情緒發展的方式，它使一些可能令人困惑的事情更說得通。但同樣地，我將在關於二推月亮週期的研討會上，再進一步討論這個主題。

二次推運月亮的宮位

現在讓我們繼續看宮位，同樣地，這些只是讓你能夠觀察事物的註解、線索和意象。

我注意到，在一個人早期生命中，二推月亮從一個宮位轉移到下一個宮位，為你帶來透過母親而產生的經驗，她專注在那裡、在那個宮位領域上，而你與她在一起。儘管我們某些人自覺或不自覺地比別人更緊抓著過去，但每隔七年左右，你就會從她那裡邁開一步，進入自己的生活。我甚至不確定我們還能怎樣，因為靈魂真的有自己的時間，有時我覺得我們只能參與──反省、觀察、思考以及投入。

當二推月亮離開第十二宮進入**第一宮**時，真的就像出生一樣，你和你的情緒產生連結，你更直接地感受到自己。任何守護上升的星座都是你生命的開場白，當二推月亮進入那個星座時，如果它在十二宮，覺醒之聲便開始隆隆作響了，但它通常仍然隱藏在你的夢想中。一旦它越過上升點，你會更強烈地需要自省，在它貫穿第一宮的過程中，自省的傾向起伏不定，你需要做一些在情緒上滿足自我形象的事情，或者滋養你的形象。

　　隨著二推月亮進入**第二宮**，這種自省轉向你的天生資源，這個星座會告訴你一些資訊——關於你創造這些資源的整體態度和能力，落在那一宮的行星會告訴你自我的哪些部分參與了它們的發展，除了其他象徵之外。但是現在，在這裡，你可以用非常個人化的方式接觸這些資源，通過自我省思，你的天賦才能活躍起來。

同學：你對金錢和物質的感覺很強烈？

達比：可能是，如果你現在才三歲，你不會想太多物質的問題，而是對它們有很強的占有慾。但是當二推月亮在三十一歲左右回歸時，到那時無論以何種方式，你已經有了年紀去思考這種本能，並透過反省，增加資源豐富的經驗。當然，你情緒起伏表現在你是否滿意你的物質環境，而你創造安全感的能力決定你是否有安全感。而現在是反省自己及生命本身恩賜的時候了，這是讓你融合這段時間的感受，轉化為你旅居地球的感受經驗。

　　當二推月亮進入**第三宮**，將你與你的心理環境連結，以某種方式與手足和鄰居等等聯繫起來，與這些人相處的體驗在滋養與匱乏之間起伏不定，無法滋養心靈的對話實在無法令人滿足，可以滋養心靈的人才能夠與你建立情感關係。你渴望資訊，關於你如何處理這個問題，取決於你的本命水星，以及守護這個宮位的星座。天生是訊息焦慮症的人要當心！荷米斯既是騙子又是魔術師，但如果你注意並反省這段時間的經歷，你會發現哪一類的資訊可以為你帶來養分，以及你

天生獲取這類資訊的方式。

當二推月亮進入**第四宮**時，會有一個深層的內在轉折，即使它在火象或風象星座。你焦躁不安地四處奔波，你內在的某些東西也在尋求深刻連結──不僅是與你的情感，更是你的根源。感情深刻扎根，這次情感經驗撩撥的和弦會帶你回到家庭，且更為深遠。這個時期產生的想像可能比任何宮位都更能夠帶你進入當下，如果稍加注意，它們會深刻地以時空為宮位、以永恆為家，而其中的起伏，表現在對現狀的滿意與否──關於你的家、國家、父親和你自己。

二推月亮在**第五宮**，不玩樂比玩樂更難。

同學：如果土星／海王星合相在那裡，並四分相金星怎麼辦？

達比：好吧，我想我會堅持向你表達看法的權利，因為我是今天站在這裡的人。也許樂趣不是每個人都重視的東西，甚至不是每個人都擁有的東西，但是，如果你有任何玩樂的能力，它就會出現在這裡。更準確的說，在兒童、繪畫、詩歌和歌曲的意義上，這是創造的宮位。對你來說有趣的事情對其他人來說可能不是，這是將你的情感重心放在身體／內在小孩的時候，無論那裡有什麼星座和行星，都會限制和引導這種天生的創造需求。當你玩得開心時，這很棒，但是當退潮帶走了自我表現的樂趣，你會在遊戲室中感到非常茫然。

同學：這會是隱性獅子座的表現嗎？

達比：畢竟這是獅子座的自然宮位，當月亮經過這一宮，想像力將會在此強烈激盪，當你覺得在表現自己時，感覺會很好；如果不是，便不會有這種良好感覺。

同學：我的月亮在金牛座第二宮，在我六歲時，我的二推月亮進入第五宮，我媽媽將我送到了一所以創作聞名的學校，我討厭它，因為我的土星獅子座在第五宮。最近二推月亮又來到第五宮，我開始畫畫，這很難，但感覺是對的、很好。

達比：這很有趣。我注意到二推月亮的第二次循環更為輕鬆，但也許這是因為自然成熟的過程，對於那些不喜歡成熟帶來省悟的人來說，由於需要重新評價自己，通常會產生厭惡的反應，因此第二次或第三次的二推月亮循環就不那麼愉快了。每個人都有不同的經歷，但我就是想要鼓勵這種省思——它透過二推月亮述說你的故事，講述你人生的各個階段，並反映你的生活，以便最終以一種將自己與生活的一切連結起來的方式來體驗生命。

　　如果你一向活在身體和感覺中，那麼你與生命有著深刻的連結；如果你是活在想像和思想中，那麼你就有觀察力，但可能無法感受他人或整個地球。如果你運用可用的反射光，那麼兩者是相連的，因為你這一生從火、土、風、再到水元素不斷地轉換，都會體驗

到它們，因此錯過它們是很瘋狂的事。

我們繼續第六宮。

同學：又回到工作了嗎？

達比：這個月亮似曾相識嗎？當你的月亮進入第六宮時，任何慣性的神經質症狀都會出現。我的意思是，所有習慣都是反射動作，而不是對當下的反應。你的秩序和控制感來去不定，宮位守護星座會告訴你一些與此有關的資訊，而落在此宮的行星會一次又一次地凝聚你的注意力。

第六宮描述你是哪一種園丁，第二宮描述你的花園長了些什麼，第十宮是你如何及時發揮其全部的可能性，但是第六宮會在兩者之間告訴你關於你自己的情況。因此，當二推月亮進入這個宮位時，你會在情感上與自己的花棚連結起來，並感受到有一股衝動想要去整理它、重新安排器具，並找出其可能性。

同學：那這個宮位所代表的健康方面呢？

達比：是的，首先你是自己身體的園丁，而這裡的二推月亮也會將你與它連結起來。行運和其他推運展現了此期間出現的健康問題，它與你的情緒連結比其他時候更為緊密。不過這不是完全正確的說法，準

確來說，月亮在第六宮時，你的情感需求可能會更直接地透過你的身體表現出來，並且產生力量引導你找到工作方式，讓身、心相互產生更好地交流。如果你在這方面都很好，那麼你的內在會有個催促的聲音，讓你去發展更令人滿意的工作習慣。

你對工作空間和工具的滿意度，無論是內在或外在都起伏不定，但以這樣的方式，你更可能去調整它們，以滿足你目前的需求。你的心靈從儀式中汲取養分，讓你的生活運作得更好；清理和整理你的內在與外在世界，當你生病或痛苦時能夠從自身或他人那裡得到更好的照顧，這是這段過程的一部分，它讓你認清必須不斷關注的事。這是你生活的修理廠，總有一些東西被帶進來——只要你還活著，就會一直如此，這個月亮推運讓你安身在這個空間中。

第七宮是另一個轉折點。可以說，這是你捨棄靈魂的時候，或是別人看到你裝載這樣的靈魂特質，有一段時間接受你就是這樣。

同學：想要擁有靈魂就必須捨棄它？

達比：我在想類似的事情，我們從心理學中知道，當我們戀愛時，我們會在對方身上愛上自己的影子——至少是一部分。我最近看了一部三〇年代的老電影，裡面某個角色的對白是這樣：「哦，這是常有的故事，他們相遇了，並立刻愛上了自己。」我大笑了起來。隨著二推月亮通過第七宮，我認為你的靈魂逃避你，跑到另一個或其他人身上

去，然後你再去尋找它。當然，這取決於星座，大概比較可能發生在水象或火象星座中。這顆月亮的高低起伏當然與你在關係中滋養或飢渴的感覺有關，它讓你以一種你現在可能尚未擁有的方式去注意到他人，但也可能你追逐的是陰影。

　　無論你在第七宮展開什麼事，都會在**第八宮**受到嚴峻挑戰。在第七宮穿上的球衣，會在第八宮被扒光，這是**翻攪清洗**的時期。往事如**鬼魅**般出現，過去所有的關係都會再回頭纏擾你，這些成群或落單的幽靈，你因他人感覺充實／被遺棄，在關係中感覺飢渴／心滿意足。宮首星座是你的路口，一旦進入，過程都是一樣的──**翻攪清洗**，直到所有的雜質都浮出水面並被沖走。這通常比個人的過去更為深層，如果你有行星落在這個宮位，伴隨著你的祖先將在此地重生，與你對話或透過你發言。你解決家庭中的性／金錢合一的習慣模式中所隱藏的深層問題，身在時間和永恆之間的你，在這兩者之間來回擺盪，以某種顛覆你的觀念並極為根本徹底的方式，在情感上與生死產生連結。

　　然後在**第九宮**，你從沼澤進入山林，速度的快慢取決於你、以及所涉及的星座，我們心中都有一座山頂，而宮首星座告訴你這是一座什麼樣的山頂。第九宮明顯代表的事物，像是在此處激發了自然想要旅行的渴望，因為你的情感需求和你超越已知世界的需求結合在一起。找到意義的方式──宮首星座便是你進入此領域的入口，在那裡事件轉化為經驗，經驗被塑造成察覺重要性的模式，這創造了意

義。通過第九宮的月亮會賦予你一種外國人的視野，它的起伏給人一種充實和空虛感。作為一個外國人是令人興奮的，因為你以陌生的視野看待一切；但這也很累，因為沒有自己的族群，這會讓你的想像力變得不可思議，同時也帶來奇妙但陌生的事。你的靈魂在此處將過去和未來連結在一起，心靈以某種形式與意義、使命、真理相連。反思這些將體現於你建立關係的方式中。

　　一旦你的二推月亮進入**第十宮**，這些意義、使命就會被拋至山巔，看看它是否有任何目的或有用的可能性。第十宮的二推月亮將你的情緒帶到俗世的工作中，你必須展露對社群有用或有價值的事物，任何這樣的自然需求都在此被賦予靈性，月亮的潮起潮落表現在你是否接受身為一個有價值的人所需要的尊重和認可感。你被那些可以增進你的專業的人所吸引，有些人有這種能力，而有些人只能彰顯你的局限性，這是最難的部分。對於那些有強烈使命感和紀律性的人來說，這是一段非常富有成果的時期。

　　我最近見了一位客戶，她的本命月亮在金牛座第八宮，而她的二推月亮在第十宮的巨蟹座。她很沮喪地來找我，因為她突然覺得她的工作不再帶給她自覺，她說：「對我而言，這份工作已經不再有活力了。」儘管這些年來她斷斷續續地感覺到了這一點，但這一次似乎應該為此做點什麼了，所以我們花時間觀察她的行運，看看她什麼時候會敞開心扉接受新的可能性。因為渴望穩定，她一直持續工作，現在這份工作已無法帶來安全感，不僅是二推月亮顯示需要改變，加上其

他正在發生的事情，這無疑說明了她的內心需要找到一個新家。

　　一旦你的二推月亮進入**第十一宮**，你將被吸引去接觸網絡、工作，因為它呈現了你的社群理想。這個宮位的入口星座將展露你如何建立網絡、以及你與社會理想或各種社群產生的互動，這是你與人類這個大家庭建立情感關係的時候，而你在這段時間所建立和深入的關係，對你來說有一種特殊的滋味，它們具有個人意義。在你所屬的任何群體中，情緒的起伏都是最強烈的，你深刻地感受到群體的包容和排斥；思考此時你在社群中的個人生活，能夠讓你醒悟自開天闢地以來，所有社會中的每個人以及他們的生活。

　　然後你的二推月亮通過宮首星座帶你進入**第十二宮**，它會為你提供關於走向虛無及各地的路線訊息。如果你從字面上活出第十二宮，在這裡的時期可能會吸引你去醫院和寺廟，但它也可能只是吸引你轉而向內，進入外在已知生活的幕後。如同另外兩個水象宮位一樣，這是一個祕密的宮位，但通常這些祕密甚至連你自己都不知道。我問了一位靈性生活非常活躍的客戶最近是否發生什麼事，他的二推月亮入第十二宮已經一年左右，他說：「這很奇怪，但是什麼都沒發生，真的。我一直最關心我的靈性生活，但是過去一年左右，我發現我不在意了。我想我有點迷失，但沒有感覺不快樂，不知道這是不是一件好事？」

　　他的本命月亮在第七宮，四分相木星／太陽於第九宮的合相，他

終於找到了一位女性，成為他的妻子，彷彿一直驅動他的飢渴感暫時得到了滿足。而且，他的心靈感知已經消失了，我們都認為這沒關係，他的靈魂正在尋找足夠深刻的東西來棲息，他說他同時感到空虛及充實。

這是一個神祕的宮位，我想它會帶你去一些不那麼個人化且更為模糊的地帶——透過萬物、空無、超越任何有意識介入的事物消長來滿足你的個人需求，讓它在那裡漂流。漫長個人史的某部分正在完成，此時可能不合適干預太多。如果在這段時間，你的痛苦比快樂多，那麼或許它可以讓你觀照生命、視之為苦海，這才是真正的靈魂鍛造之谷，這裡有深奧的神祕、神聖的知識——但皆非我所用。

一旦二推月亮離開第十二宮進入第一宮，你就會有再次清醒的感覺，然後結束一個循環又再度展開另一個循環。

土星循環週期和月亮循環週期

同學：我一直在想土星，以及它與月亮以差不多的時間繞行星座和宮位的運行方式，我知道你說過你會在下一次關於二推月亮的研討會上討論這個主題，但這可能是幾個月之後的事了。

同學：或者幾年之後。

達比：沒錯。土星週期與二推月亮週期密切相關，讓我暫時先討論這些。開始養成習慣追踪你的二推月亮，花一點時間投入，也就是說，運用它在任何特定時刻所在位置的知識，並留意當你思考時所浮現的想像和想法。注意在每個階段中進入你生命的是一些怎樣的人，並留意是誰讓你產生強烈的情緒反應。從二推月亮的位置，持續關注你的情感生活，當你留意它，它便會衍生出生命力來關照你。經過一段時間之後，你將不必專注於它，它會自然成為你想像的一部分，並帶你回到過去，透過這種方式，將你與你的情感展開模式產生連結，不僅與你們在這個時空、地球上的人類生活，也和這個星球上所有時空的一切生命產生連結。

在觀察行運土星時，你隨時都可以看到工作之所在，其星座亦會指出每個人共有的兩年半的主題。它描述出——讓我們使用這個被濫用的詞：「能量」，關於賦予事物形體的能量，它行運的宮位告訴你必須在哪裡工作才能使事物成形。在這個宮位中，紀律、控制和工作使事物達到平衡，並讓你從中獲得某種現實。在這個領域中，冷酷、不流淚適合你的成長，事物在此可能會枯竭一段時間，因此你可以努力使它們恢復平衡。

現在，土星消耗殆盡之處，月亮正在滋養事物，使你與星座及宮位相關的問題與個人產生關係，因此，通常吸引你的人，是那些可以讓你與此宮位相關事物產生連結的人。我們帶著情感身處於結構中，在社會結構以及這些結構所提供的限制和安全中過著個人生

活，而生命從內在和外在，都要求我們努力工作，帶著我們的局限和
需要。但是，如果我們不去接觸與生命根源相連的感受——那些將我
們與他人、過去和現在連結起來的感覺，生命就會枯竭、耗盡。忽略
土星會帶來危險，無視月亮也會帶來危機，我指的是它們所象徵的事
物——時間限制的必要性、形態和形式、限制和教訓以及業力，覺察
感受、連結、過去、身體、關係、靈魂和反省力，這些將事件變成經
驗，再變成意義，因此這兩顆行星密不可分地結合在一起。

同學：洋蔥是由月亮和土星掌管。

達比：洋蔥？

同學：在某種意義上，它們屬於土星，因為它們是苦澀的，但它們一
層又一層，這就是月亮。

同學：它們也會讓你流淚，這可能是月亮對土星的反應。

同學：還有，人必須認識自己的洋蔥，如果你了解你的洋蔥，你的狀
態就會很好。

同學：洋蔥是甜的。

達比：有些人覺得洋蔥是甜的，有些人覺得是苦的。

同學：洋蔥對你有好處嗎？

達比：我不知道，但我知道教室又充斥著各式的狂想。

同學：西班牙洋蔥缺乏精力。

達比：有誰可以開門嗎？還是窗戶？或是通通都打開？在我們回到日常世界之前，有沒有人有更相關的話要說？

同學：我收到了來自美國的筆記，史蒂芬‧佛瑞斯特（Steven Forrest）在那裡講授二推月亮，他講了一些軼事、簡短的句子。不知道有沒有人要……

達比：是的，告訴我們。

同學：二推月亮在第二宮，他說當它第一次進入第二宮時，你會覺得「有點像冒牌貨」，感覺自己身處異國，沒有表達自己的能力。你感到缺乏資源和自信，會因為缺乏資源而感到擔心及缺乏安全感，以及因掌管金錢而焦慮和脆弱。但過了一段時間，這些情緒就會消失。

達比：在國外無法表達自己——這個比喻很有趣，因為你沒有資源。這也很奇怪，因為當我的二推月亮在第二宮時，我去法國生活了幾個月，是那兩年半中我印象最深的記憶，在那裡的其他經歷之

中，我一直記得二推月亮在天秤座第二宮的那段時間。不過當然，在各個方面我對於資源都存在焦慮感。

　　這就是為什麼我只想給你們簡單的想法和想像，讓你與你自己的二推月亮產生連結。我對於每個位置所表達的想法都來自於經驗——也就是我的生活、客戶和朋友，我們的星盤都不同，每個人都有另一種說故事的方式。我今天真正想說的是：身為占星師，不要錯過二推月亮為帶給你的機會，運用豐饒之月來深化你的生命經驗。

　　當你的二推月亮進入任何宮位時，就是像這樣：它進入宮位、新來乍到，你其實並不知道如何在那裡覓食、表現。然後當它向宮位的中間移動時，你就會變得非常擅長，真的善加運作了那顆月亮以及那些特殊的體驗。當它從宮位的最後一部分逐漸淡出時，你對它其實有點失去興趣，感到有點無聊，並準備以某種方式放下它。星座也是一樣，當你轉進一個新的星座時，你在那個星座中穿著那些顏色真的很笨拙，我是說我的二推月亮在雙魚座的時期，我根本不是一個會穿得全身粉嫩的人，但是隨著月亮在雙魚座推進，這就是我的樣子，感覺很自在。然後，當它逐漸離開這個星座時，可能你已經準備將衣櫥裡的衣服全部換掉了。這個說法很可愛，史蒂芬‧佛瑞斯特還講述了其他宮位嗎？

同學：當然，選一個宮位。

同學：第一宮。

同學：他說第一宮是敲出新音調的地方，它可能是一個新的職業，也為接下來的三十年定下基調，二推月亮會突然發現你是誰並做出回應。他使用了「充滿智慧的奇思妙想」這句話，並說：「當你的月亮在第一宮時，就恣意狂想吧，它將得到回報。」

達比：哦，我喜歡這個說法。

同學：跟隨著你的奇思妙想，錢遲早會在銀行裡，他說：「要忠於自我。」

達比：這聽起來像喬瑟夫・坎伯的「從你所好（Follow your bliss）」。

同學：那是什麼？

同學：他說，如果跟隨你的心之所在，那麼你最終不會出錯。

同學：不過，你最後可能會很窮。

同學：你最後可能會變得貧苦無依，但如果你真的追隨他所謂的喜樂，你會比富有、穩定但一輩子做不喜歡的事情來得更快樂。

達比：是的，他是說那些有勇氣或不顧一切追隨喜樂（天賦）的人，會讓生命站在他們那一邊。我認為這對於第一宮的二推月亮非常有用，你會對什麼能真正讓你的情感充滿活力有一個清晰的印象。

同學：有同學想要知道第三宮嗎？二推月亮在第三宮，他說這代表「資訊飢渴」，內心充滿好奇和焦慮不安，它正在探索環境，並意外投入於一些資訊之中。這是混亂的階段，但月亮正逐漸充實，而生活節奏正在加快腳步。

同學：第八宮呢？

同學：第八宮是疾病、死亡和性。

同學：哦不！

同學：他其實對此很著迷。他說，個人的事物退遠了，而那些退遠的個人事物在二推月亮來到第八宮時，都會再次湧現。逝去的愛，存在於某個記憶中，他說，當愛情變質時，就如同我們的感受一樣，是那麼糟糕。

同學：我的二推月亮在第八宮，本命月亮在第三宮，最近我參加了一次學校同學會，遇到了一個我十二歲就愛上的人，於是我們便開始約會，這真的很奇怪！

達比：有趣。我認為這也是一種淨化作用——透過強烈感覺來攪動和淨化事物，這是天蠍座的故事，但在這個故事中，是藉由與他人的關係，他們「啟動」了它。

同學：他說這是我們遺忘的生活，在第八宮又被想起來，然後當二推月亮進入第九宮時，我們會被清洗乾淨，就如同我們在所有火象星座中一樣。

達比：還有第十二宮？

同學：他講了兩個老人躺在病床上的故事：兩人都快死了，A 過著多姿多彩的生活，他盡可能地照著他的神聖計畫而活；而 B 則循著更物質化的美國夢——合理投資、看電視和減肥。

達比：這是一場美國的研討會？

同學：沒錯。A 享受生活而 B 並沒有，而且 A 準備迎向死亡，而 B 正充滿怒氣地死去。他說的是對於死亡、結束和放手的態度。

達比：這是我結束這個研討會的訊號，我希望你們有得到一些有趣的東西可以研究和玩一玩，並且可以從中展開自己的分析。下次我們將檢視月亮與太陽的相對關係——也就是月亮的盈虧。這次我們看到它的潮汐變化，當一切都在你的生活中流動時，你可以感受到生命的豐

盈；但是當你陷入困境，不與之同流時，就是省思時刻，轉向於內在的醒悟。轉向、反思它的這個習慣，總是讓你站在一個新的制高點，引導你自然地更深入、更充分地融入生命本身——在無限、永恆的背景之下，以時間和物質投入此生。我只是提醒你們一些已經知道的事情，我們持續將這些已經知道的東西放入占星學的框架中。

好吧，讓我們就此打住，出去曬曬太陽。

---

① 荷米斯（Hermes）：希臘神話中的諸神使者，也是商業之神、偷盜之神、旅行之神、運動與競技之神、越境之神、醫療之神，以及黃泉路指引之神。

第二部
月亮及其循環週期
The Moon and Its Cycles

月相：阿塔納斯・珂雪（Athanasius Kircher），1646 年。

　　此研討會於 1994 年 11 月 12 日假倫敦攝政學院（Regents College）舉行，屬倫敦心理占星學院冬季學期研討課程的一部分。

引言

　　今天我們將討論占星學中的月亮。首先，我們會探討月亮與太陽之間的關係，透過它在天上的循環去觀察。首先，從它與太陽的合相出發，繼而形成上弦四分相、對分相、下弦四分相、經過三天的黑暗、然後回到合相，我將會使用丹恩‧魯伊爾（Dane Rudhyar）的著作《月相循環》（*The Lunation Cycles*）作為我們的觀察基礎，我希望藉此去榮耀他的著作，並將此書介紹給尚未認識它的你們。同時，我想要借助他的超個人層面的視野，因為它為現代占星學增添了不同層次，大大的豐富其內容，擴展了我們的眼界。

　　然後，我們將會觀察二推月亮與本命盤月亮之間的關係：它從我們出生一刻開始前進，到七歲左右形成四分相，然後一直到十四歲、二十一歲、然後於二十七歲半發生二推月亮回歸；接著，如果你能活到一定年紀的話，你將會把整個循環再經歷一次。正如我們所知，這循環幾乎與歷時二十九年半的土星行運循環同步，因此，我們會花一點時間去觀察它們在本命盤中的互動。在今天的最後，我們將會追蹤這兩個循環於某人的本命盤中的動態，這個人非常好，她花了不少時間去運用這兩個循環的生命主題，並梳理自己的人生事件。在占星學的生命故事中，月亮與土星並非只代表了相對的主題，它們同

時也透過互相呼應的循環而緊扣在一起，雖然它們彼此環環相扣，但又非常不同，今天我們將試著抽絲剝繭，讓我們能更清楚地看見它們。

第 7 章

日月關係

Sun-Moon Relationships

月相，和諧大宇宙（Harmonia Macrocosmica），
安德烈亞斯・塞拉里烏斯（Andreas Cellarius），1660 年。

　　讓我們先看看天空中的太陽和月亮。住在城市最大的困難之一，是我們無法再接觸到這兩顆發光體於天空中那無比美麗的漫舞，一輩子住在郊外的你們，應該無法想像看不到上弦月與下弦月的夜晚；而大部分住在城市的人則沒有辦法，他們較少留意，除非是我們這些占星師。而只要我們在郊外住上一個月以上，月亮會成為當地生活的其中一個重要特色，它在我們面前變得如此的鮮明生動。

　　一天又一天、一週又一週、然後一月又一月，太陽持續在天上沿著黃道前進，並以各個星座作背景，我們看到它一直在移動，特別是在日出和日落之時，每一天它都會因應季節而稍為更偏東或西的升起或下降，它持續在移動。月亮每一夜都在轉變——你看到它夜復一夜地變化，也可以從周遭的自然以及自身感受得到。在滿月之前的幾天，當滿月越來越接近我們的時候——你會隨著逐漸的月圓，同時感受到緊張及興奮！而在那些月相循環的最後階段的夜晚，當月亮越來越小，最後消失的時候——你難道沒有感受到伴隨的悲傷嗎？還有漆黑的月亮所帶來的寂靜，甚至可以說是過於安靜了，除非你因為有某些事情必須在最深沉的漆黑中進行，讓你一直等待這漫長黑夜的降臨，但那又是另一個故事了！

　　然而月亮又慢慢的回來了——銀色的光芒再次一點一點的綻放，永遠是一樣的循環——我們完全的熟悉但又永遠不同，因為太陽從一個星座到另一個星座，持續往前移動，因此，每一個新月、滿月、以及期間所有月相都是不一樣的。對於那些對天空狀況敏感的人

來說，每一次滿月都不同──它們甚至看起來也都不一樣。當然，大
自然也是時時刻刻在變化，從冷到暖、然後熱、涼、最後再一次變得
寒冷。雖然每一個月，月亮在都發生一樣的月相變化，但即使是同一
月相，它們每一次都不同。因為行星持續在天空中往前漫舞，它們所
形成的佈局也不一樣，因此其中的月相也展現出不同的樣貌。

　　雖然這是天空上的兩顆發光體之舞，但我們幾乎看不到它們同時
出現，你不覺得這很有趣嗎？我們在白天看到太陽，月亮則在夜晚經
歷不同月相，我們看到月亮不斷改變面貌，隨著一個月中的不同時
間，它反射較多或較少太陽的光線；光線永遠都來自太陽，反射光線
卻永遠是月亮，而這種光線的反射就像是持續變化的鏡子。唯一有可
能看到它們同時間出現，是當它們正對分相，而你剛好在一個夠寬廣
的視野之中，就能看到太陽落下的同時，月亮也剛好同時升起。以前
在非洲的時候，在滿月當天，只要我們在叢林，就會等待這一刻的到
來。還有，當月亮清晰可見、懸掛在高高的藍天時，你還記得那個奇
幻時光嗎？你還記得小時候看到這景象時，好奇這怎麼可能發生的當
下嗎？夜空之后居然蒼白地徘徊在白日的天空！

　　對於西方人來說，我們所接受到的、由太陽與月亮所代表的智
慧，都沾染了文化中對於所有自然、不斷重複、循環、本能性、黑暗
的事物的深度懷疑──我們現在稱之為無意識的一切，被歸為陰性領
域。那些由太陽所代表的事物，則有著我們對於清晰、目標、線性發
展、光芒、靈性發展所抱持的理想，還有我們稱之為意識的部分：這

被歸類為陽性領域。

當你想到占星學中的太陽與月亮時，有沒有哪些詞彙或影像對你來說是特別鮮明的？

同學：太陽是命運，正如你所說，它是意識；以榮格學說來說，它是自性。

同學：陽性主題、父親的原型、權威。

同學：富創作力的自性，你發亮的部分、精神。

達比：月亮呢？

同學：陰性主題、母親、日常生活的節奏。

同學：男性的阿尼瑪（Anima）、靈性生活、或靈性過程的反映，就像你在上一次月亮研討會中所提到的。情緒生活，你與其他人之間的情感節奏。

達比：沒錯。關於太陽與意識有關、以及月亮與無意識有關這件事，事實上是有點怪的，有時候人們的太陽是無意識的，不是嗎？他們不太知道自己正往哪裡去，他們沒有意識到命運、方向、目標，但

他們知道自己日復一日所做的事，也知道什麼東西會讓自己覺得開心及難過；所以，我們要清楚知道當人們把意識和無意識與太陽和月亮扯上關係時，這些詞彙指的是什麼。

在六〇年代末的美國，作為初出茅廬的占星師，我們所接受的教育告訴我們太陽是你應該設定為目標的事物，你在這地球要得到意識，而意識由太陽所代表；月亮則代表了那些你應該要離開的事物，它代表無意識，而你的任務是從無意識出發並到達意識。太陽象徵你的精神與未來，月亮則是你的過去、對於過去的情感依附；而人們理所當然地認為人必須要離開你的過去並邁向未來。

當然，月亮也象徵了你日常居家生活中的習慣。同時，太陽代表你的父親，月亮代表你的母親，但我不記得當時是否討論到這種連結其中的暗示，我可能記錯，但我沒有留下很多當時的筆記，那時候我正在新英格蘭學習占星，而其他地方所教的內容可能不一樣，又或者我真的記錯了，但我知道我們應該要朝太陽前進！

當然，這一切都是至少二千年前哲學遺產的一部分，甚至可能是在那更之前的幾千年前，我們知道在新石器時代時期，不同文化之間曾經發生了長時期的連續碰撞。在這些文化當中，其中一方是比較月亮傾向、以自然為本、強調循環，或者我們可以說是比較陰性的；另一方則是比較太陽傾向、雄心勃勃、線性、一神論，我們可以說是比較陽剛的。這些碰撞一直持續到現在，以各種各樣的方式。

　　我們從猶太基督教文化中所接收的遺產相當片面，至少其教授及文獻的確如此——它們都只強調以下這些太陽主題：統一、整合、朝理想的美好努力不懈地前進、毫無疑問地遵從外在權威，並且拒絕不一致、本能和情感。

　　太陽是星盤中代表命運的符號——它是促使你去散發光芒的精神。太陽所在的星座及宮位描述了你會在哪裡尋找自己的崇高志向，太陽是我們唯一的恆星——它已達中年、中型大小，但它是我們的唯一；因此，它代表了你想要前進的方向。

　　而如果不是透過日常生活，你還能有哪些方法朝志向前進？如同你的月亮所表達的，日常生活的習慣與節奏正是你前往恆星——也就是太陽的交通工具；除非透過日常生活中經常的不定性，否則你將無法找到前往太陽所象徵、精神目標的方法。如果太陽代表了你與更大宇宙精神之間的連結，那麼，月亮則代表了你與（更大宇宙光之下的）太陽光中逐日生活之間的情感連結。月亮以其月亮特質的方式去反映太陽光：你的日常活動反映了你的精神性目標、精神性志向、你與生命之間的精神連結。你活出生命的方式、你如何去反映自己的經歷並於其中尋找意義，都會間接地反映了你與「存在」本身的關係，這是我們如何透過占星學去描述它們關係的方式之一。

　　身為占星師的我們，透過觀察星盤去理解自己和別人的心理，我們會注意太陽、太陽的相位、月亮及月亮的相位，因為這些提示

了自己從父母身上繼承了什麼；我們也會從其他地方去尋找這些主題——第四宮、第十宮、以及它們的狀況。當太陽與月亮形成相位，我們會想到父母之間的關係，以及這將如何影響自己與他人和自我人生的關係。

我們從太陽和月亮看到父親與母親原型，並從中觀察它們彼此之間如何產生關聯。我們可以把太陽視為從親生父親身上尋找的理想父親形象，他可能會在你眼中活出此形象，也可能不會，但太陽總是會勾勒出你和他之間的互動。太陽也可以被視為你從那些被你賦予權威的男性身上尋找的理想形象；太陽同時也是你的權威所在，它召喚你去追隨它，因為這是唯一得到生命寶藏的途徑——它渴望被完成、渴望體驗你充滿生命力、力量及光芒的那些時刻。

而月亮是你的靈魂所尋求的母親，往往是透過你的母親而來的感受，它來自於與你有情感連結的女性，你經常能夠從她們身上感受到月亮特質，它也是你與性伴侶的情感接觸而產生的起伏。月亮是你個人的井、潭、池塘、湖，你會為了日常生活而從中汲取養分。月亮也是反射器——在不斷改變地球水域穩定性的同時，也持續反射著太陽光；月亮以其盈虧、透過我們身體裡的水分去反射太陽光，它將精神的光芒反射到身體的靈魂上——從太陽到地球的水分，從精神到世界之靈。太陽是我們的精神，由心靈的水域反映——我們精神的目標方向，被映照在與自己和別人日常接觸的節奏上。

所以,我們怎樣透過星盤從自己的人生看到這個主題呢?我第一個念頭是從太陽牡羊座開始討論,可是……

同學:我們常常都從牡羊座開始,你可以由其他星座開始嗎?

同學:從牡羊座開始很自然呀!

同學:這聽起來很牡羊座。

同學:但那也是真的。

達比:好,我們先從雙魚座開始。太陽雙魚座,你們想想可能以哪種方式去描述一個太陽雙魚座的人的父親?也許他被認為經常不在,是一個消失的父親,或者他在某種程度上難以捉摸。

同學:他很虛弱,或很放縱。

同學:或很仁慈,但不太有用。

同學:或者他就像聖人一樣。

達比:太陽賦予你代表你男性創造能量的原型印記,因此,如果你的太陽在雙魚座,那麼,你的精神的目標方向是要去表達雙魚座的特

色。你父親天生就承載了這種原型性的男性主題，而你則透過一種雙魚座的方式去記錄他；你從他身上撿起一切你能夠收集的，包括自我犧牲、隱晦、被排除、與靈魂有關、迷失、困惑、放縱、迷惑、可疑、富同情心──而這些主題的組合是依照太陽的相位而定。

如果你是一個小男孩，那麼你會把這些特色轉移到自己身上；如果是小女孩的話，那麼你會傾向先放下這些，我意思是你會傾向先跳脫自己去看它們，特別是那些負面主題，你會比較經常在身邊的男性身上看到這些主題──從他們身上尋找。對我來說，似乎我們文化中的女性傾向在人生較晚期才會收回這些投射──大概在她們四十幾歲中期到末期的某些時候，才會開始看到太陽星座和相位所描述自己的那些部分，或者我應該說，她們開始活得更真實貼近她們的太陽。

所以，讓我們設想你是一個雙魚座男性，從一開始，你從父親身上吸收了這些雙魚座特質，吸取一切契合你內在形貌的東西；但是，你是透過母親去完成這一切，因為當時抱著你、維持你生命的是她的身體。在你人生非常最早期的日子中，你透過與母親之間的關係去吸收父親的特質，母親創造了節奏──或者可以說節奏被設定在你們之間，並由月亮的位置及相位描述。而太陽在那邊照耀著，但對於嬰兒的眼睛來說，那有點太刺眼了。你被安放在月亮深層內在的光芒之中，只有當你夠強壯去抵擋陽光的時候，你才會被帶去曬陽光。你們知不知道在很多部落文化中，嬰兒在三個月大之前是不會被帶出家門的？

這時候，雙魚座的太陽需要在地表上被實現，而它被實現的方式正是透過你的月亮，因此，身為雙魚座，你將是一個消融者。這或許是其中一個能夠描述你內在核心意象的詞彙，要不你會因為經常喝醉而消融，要不你的消融是因為你正尋求和生命產生某種精神合一；又或是你可能會消融別人，因為你看起來如此困惑，每一次當你靠近他們時，他們都會變得很混淆。所以，你的角色在某程度上是要去解開那些結，以某種方式去鬆動這些結——這或許是進入其中並對他們造成混淆，就像是貓與毛線球一樣；或是你以療癒者的身分，真正踏入那些掙扎與痛苦之所在，並鬆解它們。但是，如果你要日復一日、以各種節奏、透過與他人和地球的關係去做到這件事，必須依你的月亮而定。

如果你是雙魚座，月亮落在處女座，那麼，你會透過修復人與事物去達成，你會到處遊走，嘗試把事情做好；如果你是月亮火象星座的雙魚座，那麼，你會以某種野性或靈感去達成——通常以最不穩定的方式，但當它有用時卻是最刺激的。不過，如果你是雙魚座，無論你的月亮組合如何，你都將會把目標放在消融事物上，將事物瓦解：只要出現結或緊迫之處，你就會參與其中。而在消解的過程中，你會嘗試自我消融，消融自己的自我認同，因為只要它越溶化於無形，就越能符合你誕生時的內在目標。

同學：如果你經常以喝醉或混亂、破壞性地的方式消融事物的話，你不可能為你的太陽服務。

達比：這樣的說法讓我們聽起來像是中產階級呢！我不知道，我無法肯定我是否足夠理解宇宙的奧祕，知道誰正在進行神的工作而誰沒有，我們有誰真的可以這樣講嗎？我所知道的是，太陽與月亮永遠不能分開，月亮反射太陽光、照射到地球上的我們，你的情緒反映了你日常活動中最高志向所散發的光芒，你的日常習慣將你的精神火光反射到靈魂生活中。

為了達成你的目標、為了讓你的太陽發光、為了成就你的命運，你必須透過月亮進行。月亮描述了你如何日復一日與生命產生互動，正是你日復一日的活動，以及你情感和現實之間的日常節奏，為你成就命運的過程中提供了場地。太陽描述了我們內在核心的意象，我們會如向日葵一般的轉向它，但是，正是身體與心靈的內在節奏搭載我們邁向太陽。透過觀察太陽、它的位置及相位，我們可以看到精神目標的主題，也是驅使我們走向此目標的力量及因素，這是我們的「杖和竿」①。但是，我們必須觀察月亮，看看一個人身上的水域如何感受此命運——哪種模式的情感關係將會伴隨這樣的命運。

同學：我的太陽在摩羯座第十宮，但我月亮在第七宮合相海王星，而我一直在想這月海合相擋住了我走向第十宮太陽的路。

達比：是這種「擋住去路」的想法擋住了路，做夢、遊蕩或浪費時間至少是你成就命運的一半公式，所以，要到達自己的命運，你必須經歷你的月亮。畢達哥拉斯（Pythagoras）與他的學派研究很多儀式，

許多儀式都是關於死亡、瀕臨死亡、以及死亡方式而回歸星星。如果
要回到星星，你必須經過月亮，太陽只是最靠近我們的恆星，是我們
自己的恆星。如果要表現我們的太陽，我們只能透過月亮。

月相循環（THE LUNATION CYCLE）

現在，讓我們借由丹恩・魯伊爾的著作《月相循環》來討論月亮
與太陽之間的關係，他稱之為「日月關係」。你們許多人讀過這本
書，也有一些人知道這本書，或許有一些人沒聽過它，有誰不知道魯
伊爾的著作？我看到你們有幾個人不知道。

《月相循環》於一九七一年出版，在此之前曾經以另一個書名出
版，最先寫於一九四〇年代初，但一直到七〇年代初才開始廣為人
知，當時我正在非洲，大概在一九七二或一九七三年讀到這本書。那
個時候的占星書不像現在這麼容易就運送到南非，占星學當時在那裡
也沒有那般普及，我記得當時閱讀了這本書，非常受到啟發，但因為

從盈至虧的月相。

沒有人能與我討論而感到沮喪。它的概念非常美麗，為我的思考增添很多資訊，它就像他的其他概念一樣，不但啟發了我，也啟發了我這個世代的占星師。直至今日我仍然認為他的著作相當值得一讀，雖然不是那麼好懂，但他能夠啟發人們去思考並自我實驗，這或許是一個作者所能做的最好的事了。

　　三月、四月的某時，太陽與月亮會在牡羊座合相，然後月亮會在天空上慢慢離開那個位置，日復一日，直到七天後它來到巨蟹座，並與牡羊座的太陽形成四分相。它持續漸盈，直到十四天後來到天秤座，對分相牡羊座的太陽。接著，它的光線會開始減少，直到第二十一天來到摩羯座，並與牡羊座的太陽形成下弦四分相。它的光線會一直減弱，直到我們從地球的角度看到它似乎從天空消失了，天空黯淡無光。當然，月亮仍然在天空上，但對於我們而言，它不見了。然後它再次來到太陽所在的位置，只是這一次太陽已經移動到新的金牛座了。

　　如果你夠幸運可以觀察天空，你可以在天上看到這整個過程，或者你可以使用星曆表，在你內在天空中去追蹤它。這是一個持續的過程，永不停歇，一直在重覆也一直在變化，永遠如是。而在此循環的某一點、某年的某一刻，你出生了，而你的出生將正好落在太陽與月亮的某種關係之中。

　　魯伊爾說當太陽與月亮來到合相時，會誕生「思想的種子」，我們可以認為這顆種子是要表達一些與合相星座相關的想像或概念；每

個星座的思想種子不但可能被該星座的守護星所調整和定義，也會受相位及其位置所影響。太陽每年都會經過每一個星座，但每一年都是不同的時間，而不同的時間會召喚十二種基本原型的不同版本，它們會年復一年的透過這顆特定行星而被解放。

在這裡，他形容這顆種子就如同其他的種子一樣，被承接在一個完整生命體的原型之中，但它一旦被太陽的熱和濕啟動，他描述這顆種子同時也是一種想要成真的力量。他繼續提到，我們可以認為正是月亮持續前進，並與太陽形成不同階段的關係，將這顆種子帶到地球；你可以說是月亮體現了這些思想種子。他描述月相循環的前半，是想法在地上成長，直至達到圓滿；在滿月之時，是它完全實現的時間點。在循環的前半部分，架構被建立起來，以承載這個「思想」；而在月虧之時，照亮一切的滿月開始漸漸變暗、慢慢的散播，釋放原始種子背後的創造意義。這種釋放既是個人、也超越個人的層面。

月亮是太陽與地球的僕人，她是精神與物質之間的傳導，她將精神反照到物質——也就是將精神帶入物質。她照亮物質，讓物質也許能夠接收到精神；她是 Anima Mundi，世界的靈魂。而在你的星盤中，她反映了你的「世界靈魂」——也就是存在於你的世界裡的靈魂，而此靈魂反映在你的情感關係之中。

星體舞蹈如此永不間斷，而在這循環的某一刻，我們每個人誕生

了，每一個人都帶著呼吸第一口氣那一刻的烙印。魯伊爾相當熱衷於觀察出生之前的新月，你可以由此新月得到一種想像或概念，聽起來很像波粒二象性（wave-particle duality），不是嗎？無論如何，我們都可以從觀察此合相星盤，得到那個「想法種子」的相關線索，如果你要知道魯伊爾闡述的是什麼，這一步很重要。對於我們很多人來說，此新月合相的星座會與我們的太陽星座不同，因此我們的確必須回到前一個星座，去想像在我們出生之前，有什麼東西可能被種下了。

這提醒了我一件事——在我繼續講下去之前，我必須告訴你們，我已經把他的研究整合到我自己的概念中，因此，我今天所講的內容大部分都是我自己的而不是他的，我會試著在每次直接引用他的概念時告訴你們，但大部分我所講的內容在他的書裡都找不到。他的想法是我的概念種子，他讓我思考這些，我也希望能夠啟發你們去思考它，讓你們可以找到方法將它整合到你們的占星學當中，當然，這代表你們也將會轉化它。

同學：你剛剛提到出生前的新月星座與你的太陽星座不一樣那一點——這對我來說是真的。我的月亮在摩羯座，對分相太陽巨蟹，剛過了正對分相，但我出生前的新月中，太陽在雙子座，那是否代表我要觀察這個雙子座合相，去看看這個在我滿月出生盤中被表達的「思想種子」是什麼？

達比：是的，這是我一直以來的做法，因為這樣似乎很合邏輯。你是

巨蟹座，因此，人生的精神目標導向與滋養的發展有關，而你會用摩羯座的方式去做這件事。

同學：是的，我透過事業，照顧自己的家庭及雇員的家庭。

達比：然而，你所建立的關係——你用來展現太陽衝動的這些關係，它們來自於新月雙子座。這個與想法交流有關的思想種子，透過你與生命的互動而得以被展現，你透過這個過程成為一個滋養者。

同學：我的事業與溝通有關，我將此歸因於我的水星雙子座。

達比：這是它的另一個面向，而在此面向中，透過身為巨蟹人，你讓雙子座的思想種子發芽了。魯伊爾沒有講太多關於這一方面的內容，但多年來我花了一些時間去理解，並把他的視野整合到我的個人體驗中。如果你要從日月循環中得到意義，你就必須回到出生之前的日月合相中，如果它們在同一星座，那很好，很容易理解；如果是在前一個星座，你就必須多思考一下如何去理解它。

在這裡，你在此循環中的某一刻出生，因此你成為某種載體，將去表現太陽在其星座中的「思想種子」，而你將會透過月亮去表現它。太陽與月亮之間的角度距離會告訴你，在表現這個思想種子的過程中你扮演了什麼角色。

181

身為占星師，通常只有當它們在某些重要角度時，我們才會特別
注意它們的關係——合相、四分相（我們很少會區分它是上弦或是下
弦四分相）、對分相，我們有一些人對於十二分之五相有很強烈的
感受，我有一個朋友她有日／月的八分之三相，而她對此非常有覺
知。魯伊爾所做的，是要讓我們注意到日／月時刻都在關係當中，而
他賦予我們的，是他個人對於此關係循環中各個點所抱持的想像與想
法。

在我成為占星師的早期，當時在南非，在我尚未認識很多人、變
得很忙碌之前，我持續追隨日月，追蹤它們每一年的舞蹈，我會仰望
天空中的它們，也會從星曆表中觀察它們，就這樣月復一月了好幾
年。如果你要成為一個占星師，這樣做是很好的，你會開始意識到它
們映照地球上的我們而產生的變化。你看著它們經過不同星座以及你
個人星盤中的宮位，在它們前進的同時，也觸碰到不同的相位。每一
次新月都成為了你可以參與的事情，你成為了此循環的一部分，同時
你也成為了這個循環的見證。

魯伊爾說每一個新月都有新的思想種子被種下，別忘了他是一個
詩人及靈通人，他以此方式去描述他直覺到的事物。他提到當月亮在
每個新的星座合相太陽之時，都會有「某些東西」被種下，而月亮拾
起此思想種子，收到其中的訊息，以其說法——成為接收者；隨著月
亮經過每個星座，它透過個人的行星配置觸碰到每個人。月亮會在其
循環過程中，將思想種子的訊息散播出去。

　　你可以比較太陽的守護星在某一年與另一年之間的位置，去更深入感受這個思想種子。例如：十一月三日、大概下午一時、在倫敦這裡，日月合相於天蠍座，因此，這個思想種子應該會與除舊有關，這非常的天蠍座。這種淘汰不再重要事物的做法，如果不去除或許會污染下一階段——也就是射手座的發展——這可以進一步由其守護星冥王星天蠍座去認證，還有火星，它目前正在獅子座。只要冥王星在天蠍座，我們就在一場集體的淨化中，而這將對你的哪個領域造成影響，將由它所在的宮位而定。獅子座的火星是天蠍座的個人守護星，也將會透過其宮位告訴你，你將在哪裡被迫進行一場清理，清走任何自我的雜質。

　　此時，想要淘汰和淨化的思想種子在新月時出發，在月亮離開了天蠍座的太陽之後的這二十八天，它的光芒漸增，直到這個月十八號的滿月為止；今天是十二號，日月上弦三分相。如果你觀察新月發生的位置、以及它所在的宮位，你會看到這種關於淨化和轉化的思想種子會在哪裡展開。

　　如果你追蹤月亮漸盈的過程，觀察它經過你星盤的哪些宮位，並且看看它現在在哪裡，你會發現它正在雙魚座的中間，也會看到這想法如何在你的日常生活中持續前進。在這一天出生的任何人都是出生於上弦四分相的危機之後，但距離滿月仍然有一段距離，他們會以某種方式，在自我與生命的關係之中表現出此月相階段的特質。接著，當月亮邁向滿月的階段，屆時它將會盡情表現自己的光芒，架構

會被建立起來，讓之前日月合相天蠍座所誕生的思想種子，得以被賦予形體，一旦你適應了這個循環，你將會開始聽到這首獨特的奏鳴曲。

　　要記得，魯伊爾是在表達他直覺到的內容——他知道此循環有其意涵，而他使用古老符號學將其中的含義翻譯成別具意義的概念。不要執著於他的翻譯是「對」或「錯」，傾聽他所聽到的，接著看看你是否也聽見了什麼，然後找出你自己的方法去表達它。學著注意此無止盡地重複、持續進行卻又總是嶄新的舞蹈。太陽、月亮與其他行星是要**釋放你的想像力**，而不是要你盲從於「接下來即將發生這個、發生那個」的這種想法，傾聽它們傳達給你的微弱訊號中的重要訊息——那不停重複又總是相同、又永遠不同的生命循環。

　　一年中的每一個月，日月都會在某一個星座及宮位合相，然後經過鋪展、照亮、散播及回歸這整個循環，然後來到下一個星座及宮位。如果你出生在日月合相之時，那麼你是在種子的時刻誕生；如果你在上弦四分相時出生，那麼你是在危機及轉捩點的時刻誕生；如果你在滿月時出生，那麼你是在照亮事物的時刻誕生；如果你在下弦四分相時出生，那麼你是在散播的時刻誕生；如果你出生於漆黑之月，那麼你是在種子被埋下的時刻誕生；而如果你在合相時出生，那麼你是在種子釋放的時刻誕生。

　　讓我把這些寫在白板上，讓你們可以抄下來。

當月亮距離太陽 0 度至 45 度時，是新月。

當月亮距離太陽 45 度至 90 度時，是眉月。

當月亮距離太陽 90 度至 135 度時，是上弦月。

當月亮距離太陽 135 度至 180 度時，是凸月。

當月亮距離太陽 180 度至 225 度時，是滿月。

當月亮距離太陽 225 度至 270 度時，是散播月。

當月亮距離太陽 270 度至 315 度時，是下弦月。

最後，當月亮距離太陽 315 至 360 度時，是消散月。

你們會注意到每一個月相等於 1.5 個星座——每一個月相階段歷時大約三日半。

新月（NEW MOON）

　　新月佔據了從日月合相位置開始算起的 1.5 個星座，因此，如果你的太陽在巨蟹座 0 度，月亮遠至獅子座 14 度，你仍然被視為新月型的人；而日月之間的距離可以長達 45 度，等於新月發生後的三日半。在此，魯伊爾認為新月人對於人生、人們、人際關係及社交過程的反應是衝動、主觀及情緒化的，他用來表達這個想法的想像是：這些人就如同將自己投入生命中，比起身邊的人是誰，他們更感興趣的是身邊的人代表什麼、象徵什麼。他形容這些人所表現的能量是年輕的能量，想要將自我的視野在他人及世界留下深刻印象。

　　我對於新月型的人的經驗是，他們在童年時期往往比較脆弱，但會隨著成長而茁壯，他們要不是非常具有能量，就是完全無能為力。他們是真的不明白為什麼其他人不相信他們所相信的、看不見他們所看見的，事情對他們而言就是這麼顯而易見，或完全看不見。他們的日月如此接近彼此，特別是當它們落在同一個星座時，就像是它們除了目前所在的位置之外根本無處可去，因此，他們要不從自己前進的方向得到養分，不然就是前途一片茫然，他們無法在人生的其他地方得到休息及充電。

　　要不全有、要不全無，他們需要有覺知地學會休息、獲得養分，但這並非自然而然的事，不論前面是什麼，都需要他們投入精神及靈魂，或完全與之無關！喜則極喜，悲則極悲，因為你陷在那顆種子中。而不管是對是錯，你都相信你正在做的事情，那是你唯一可以去做的事，因此，如果你感到困惑迷失，你就會全然地感到困惑迷失。日月合相的人只是當下的他們，沒有其他的，因此他們可能會讓人感覺很武斷——雖然當你明天再看到他們時，他們也許已經在不同位置了，特別是如果他們的日月落在變動星座。

　　當月亮如此接近太陽時，它沒有辦法反射太陽光，因為太接近了，當它距離太陽越遠，才越有力量去反射。對於這類型的人來說，追蹤二推月亮會特別有助益，因為當二推月亮前進時，你將有機會找到其他領域去省思你的人生、目的、方向、以及與生命之間的精神連結。

　　以父母親的主題來說，據說當日月合相時，會認為父母有相同價值觀，你會在他們身上得到相似的價值觀。如果日月之間非常接近，落在相同的宮位與相位中，這或許是真的，你會從父母身上得到一樣的訊息，理解生命有哪些事情是重要的。在情感生活中，這種人會有一種「接受我（以及我的訊息）就是這個樣子，否則就完全不要接受我！」的感覺，同時也會有一種「為什麼你和我看待事情的方式不一樣？」般的天真。

　　當月亮的光芒還非常年輕，只是天上的一線銀光，此時的月光帶著某種期待，我們開始看到光亮的增長，並會在情感上以日益增長的盼望去回應；一切都在未來——圓滿之光還在前面很遠的地方，但它終究會到來。出生在月相循環最初這三天的人們太接近這個聚光，以致他們除了從自己的光之外，看不到其他光照耀之下的事物，這就是為什麼他們被認為很主觀。他們滿懷希望上路，攜帶珍視的思想種子前往遙遠的目的地，尚未被長途旅行的歷練損耗，仍然沉浸在此段旅程最初想像的光芒之中。他們很難脫離自己的精神任務，必須全心全意的身處其中；他們把父母視為精神性的父母，在那深層的內在之境，靈魂與精神調和成為物質及時間的地方，在這裡，他們的父母會因為一聲輕聲細語而結合或分開。當月亮距離太陽較遠，每個發光體各自就更可能形成不同相位，這可能會混淆我們對新月類型的看法；當然，當月亮進入太陽所在的下一個星座，會再進一步掩蓋這種變化。

同學：怎麼說？

達比：那些熱誠、新鮮感、開創性特質，還有缺乏反省力及主觀性仍在，但是由父母雙方傳達的清晰訊息會受到混淆；在心理上，你與父母各自的關係會變得非常不一樣，這可能會掩蓋了他們互相認同此思想種子的程度。當你以某種方式去認同父母其中一方，然後以另一種方式去認同另一方，有時候你會失去清晰度。但只要你能夠回到你最初的熱誠，從日常事件中表現它們，那麼這種清晰度將會回來。你的

新月仍然是你此生精神與靈魂相互作用的堡壘。

同學：我的兄弟是雙魚座，月亮牡羊座，這是一個令人感到困惑的組合，他的無私之中帶著自私，他真的富有同情心，但又會因為這樣感到憤怒。我想當日月如此接近但又不在同一星座時，某程度上一定會讓人感到困惑。

同學：我丈夫太陽天蠍座、月亮射手座在第八宮，他的職業是負責拆除的工作，沒有任何事比拆除舊大廈、騰出空間以便建構新事物這件事讓他更為興奮。他對美感有某種熱衷的追求，因此當他要拆除一棟美麗的大廈用來建停車場時，他的心情會變得非常低落，但同時他又會不由自主地感到興奮，他說你要清理過去才會有空間留給未來。

達比：幸好你是美國人，如果你丈夫在這裡或許日子會不太好過，但讓我們繼續吧。

眉月（CRESCENT TYPE）

這是用以指稱那些在月亮距離太陽 45 度至 90 度之間月盈時出生的人，眉月（crescent）這個字來自拉丁文「成長」之意，這個度

數範圍是始於上弦半四分相，其中包括了六分相及四分相。

同學：萬一你的月亮準確地距離太陽 45 度或 90 度呢？你怎麼知道自己是哪一類型？

達比：我猜我們可以劃分得比較精細一點，範圍到 44 度與 59 度之前分別是新月與眉月，我必須說我不知道該怎麼做，就像大部分宮首的問題一樣，你必須摸索一下，感受一下你的方式——也就是兩邊都看。如果你需要有很清楚的界線才會安心，或者你是透過文字意義對占星學深信不疑，那就有點難了。宮首與那些讓人混亂的宮位制，是要讓我們從看似完全合理又清楚易懂的世界中得到安全感。

同學：或許我應該探討一下那些有行星卡在宮首的人們，並建立一套全新的系統。

達比：對，你可以當一個冒險家，去探索宮首上的那些分形——在宮首所切分的邊緣，深入地探索其中的模式。關於眉月類型，魯伊爾提到其中蘊含一股衝動想要去挑戰老舊事物，他說這種衝動以某種「或多或少激烈掙扎」的方式去進行，這一定是看那個相位是比較接近半四分相還是四分相，或者可以假設六分相是較不激烈的掙扎。他也提到了一個人的自我肯定及信念，有一種必須執行某種指令的感覺，而個人也渴望去進行。魯伊爾說你也許會被過去的力量壓垮，需要「將個人或社交關係中的能量再次推向極端」，否則「業力」的重

力會將你往回拉，他同時也提到了發現客觀世界所帶來的震憾。

　　因此，這就像是你必須往前推進，以非常熱切的方式，但是帶著一種過去緊追在後的感覺。在此月相階段出生的人似乎要更賣力地往前走、更有覺知地建立人際關係，有時甚至要踏出舒適圈，就像是假設他們可以不假思索地建立關係，而一切都會順利。但他們的生命要求他們更加專注、培育新的方式去建立關係、要帶著自覺多於舒適，他們要去體現某種由太陽所定義的精神衝動，而由於這大多需要透過建立關係去做到，因此需要注意建立關係的方式，讓訊息能夠被傳達出去。

同學：我生於雙子座末尾度數，月亮則在獅子座末尾，我想我明白你所講的。我的本能總讓我經常地告訴其他人怎樣做，我對他們非常沒耐心，好像我一直在修正這種傾向，而這個傾向在星盤中也有其他因素的暗示。但從這角度來看，這是因為我基本上是一個溝通者，而如果我太強勢，就無法與別人溝通，是這樣嗎？

達比：對，我想你是完全正確的。

同學：同時，關於父母，我母親絕對是我們家比較主導的一方，而我們的父親則是在幕後，我如今想來會不會母親只是他的傳聲筒，傳達他的價值，或許他們二人都不知道這一點。他似乎一直支持著她，我以為這是他的軟弱——只是不想捲入爭執當中，但也可能是母親以父

親真正的想法去立下規矩。

達比：你說「我們家」，你有兄弟姊妹嗎？

同學：是的，有一個兄弟和一個姊妹，他們都不是月亮獅子座或太陽雙子座，他們認同我母親很強勢，但他們沒有很在意，我卻很在意，我一定要問問他們如何看待自己的父母關係。

達比：對，因為他們有不同的精神思想——不同的太陽，並且在傳達這些思想時也扮演不同角色，得看他們的月亮落在月相循環中的哪個階段。

同學：你用「思想」這個字，是因為你是雙子座嗎？

達比：我使用「思想」這個字是來自於柏拉圖學說，或許應該說是基督教新柏拉圖主義（Christian Neoplatonic）吧：神心中的「思想」。我也可以用「原型」這個字，也許我喜歡用「思想」這個字是因為我是雙子座吧！喔，這提醒了我，十五世紀基督教新柏拉圖主義占星師馬爾西利奧・費奇諾（Marsilio Ficino），他的太陽在天蠍座 4 度附近，月亮在摩羯座 12 度，兩者形成了六分相，他當然會為這種日月關係發聲。他挑戰了教會以及他的時代，不僅將占星學與天主教融合在一起——他也是一位禁慾的天主教祭司及占星師——但同時也是發明了「柏拉圖之愛」的人。

費奇諾是一個熱情的男人，他和其他男人保持熱情的關係，但他同時也是一位禁慾者。他曾經寫信給一個朋友，認為他倆的關係可被稱為柏拉圖之愛，因為兩人的這份愛源自於他們對於柏拉圖的愛，與肉慾無關。他重新極端化他對於個人及社交關係的能量，並將某一種愛賦予了新的名字；這種愛源自於我們同時對某事物、有時候是某人的愛。在我們這個不重視神聖的世代，「柏拉圖之愛」這詞彙已經去神聖化，它現在多半只是指「其中沒有性」。費奇諾出生前的新月落在天秤座，其「思想種子」源自於天秤座——這是關於將優雅帶入關係中。

上弦月（FIRST QUARTER MOON）

上弦月是當月亮在太陽 90 度至 135 度之後——上弦四分相、三分相及八分之三相，魯伊爾說這代表了行動中的危機階段。

這些日月階段都與關係有關，月亮當然總是與關係相關，不論是與自己、他人還是生命的關係。我們可以說太陽代表你的生命——生命力、人生方向、潛能，當月亮移動離開太陽，它會向外伸展，以情感的方式與生命產生連結，讓自己可以日復一日地生活，並同時回應太陽及其精神的召喚。當它們形成四分相時，便會出現危機。

　　魯伊爾說此危機會透過行動表現，因為你想建立一個框架，用來讓「某種新的社會理念及人我關係在未來得以物化」。他描述其中透露出強大的意志及興奮感，或如他所言「當面對老舊結構崩塌時的沾沾自喜」。他也提到當你想要鞏固新的理念時所需要的某種無情。

　　然而，這些人卻往往陷於過去與未來之間，不過魯伊爾說當這些人在情感上面對老舊事物的崩塌、倒下、衰退時，都會展露興奮之情——不管那老舊事物是藝術形式、體制還是一段婚姻。不管那是什麼，它都可能確實會激勵你去展開某種行動，因為那是將新事物賦予形體的某種召喚。但是，有時候當日月像這樣彼此形成四分相時，會混淆你的價值觀，讓人難以行動。

同學： 昨天有人給我看提摩西‧李瑞（Timothy Leary）的本命盤，他的太陽在天秤座末尾，月亮在水瓶座末尾並合相雙魚座的天王星，我會說他真的活出了這種日月關係。

達比： 他在生命的每一刻，似乎用盡一切代價去體現這種日月關係。對於六〇年代的人們來說，他是一個非常有力量的聲音，當他看到體制與社會價值崩塌之際，他實際地散播了一種與他人及社會建立關係的新方法，同時也當然喜形於色。自此之後，他幾乎被媒體封殺，無論他去到哪個國家，幾乎都會被抓去坐牢，但據我所知，這都沒有片刻阻止他。

　　他是一股破壞性還是建設性的影響，端看你個人的想法，或許兩者都有吧，如同大部分抱有強大遠見的人一樣。他是這類日月關係非常有力的例子之一，而在人際關係及人類對於普遍安全感的自然需求上，他也付出了巨高的代價。然而，因為他的日月形成三分相，或許相較於我們這些外人看來，這對於他來說其實代價沒有那麼高。

　　讓我們看一張星盤（圖一），我想對於這張星盤的主人來說，

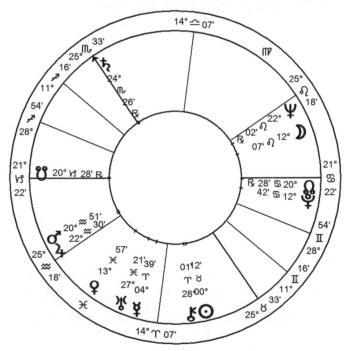

（圖一）伊麗莎白二世，1926 年 4 月 21 日，格林威治標準時間凌晨 1 點 40 分，倫敦（51N34，0W10），柯赫（Koch）宮位制。

在情感及物質上，代價一定都很巨大，我們會花一點時間在這張星
盤上。

同學：是女王的星盤嗎？

達比：是的，伊麗莎白女王（Elizabeth II）。對於我們來說，皇室就
像是容易取得的獵物，不是嗎？因為直到今天他們的一舉一動都會受
到大眾的關注。我看了這張星盤，然後想：「嗯，她現在一定覺得很
刺激！」她當然正面對著體制的崩塌，難道這對於她來說不是一段美
妙的時期嗎？因為她周遭的事物都正在分崩離析！但認真來說，我無
法想像她現在真的享受這一切，看看她的月亮在哪裡，以及它與太陽
之間的關係：她的月亮在第七宮的婚姻宮，她的月亮在那裡，海王星也
在那裡，四分相土星並且對分相火星，你們都知道她的星盤了，是嗎？

　　她是金牛座，金星雙魚座落第二宮，更進一步強調了她的太陽思
想。在此，她出生前的新月所衍生的思想種子落在牡羊座，是每一年
最原始的思想種子，因此，當年的第一股衝動躍入其生命，透過當年
其餘新月，全年開展，這是她正建構的一個容器。牡羊座的守護星火
星在水瓶座合相木星，是火土海 T 型三角相位之一，因此，那個思
想種子將會在時間及事物上有一段艱辛的旅程，被土星與海王星所象
徵的兩股力量拉扯，她正是這段困頓之旅的公開載具。

　　她被投進一個現代的世界，或許這與她的金牛座本質有所違

背，金牛座天生應該比較安於讓固有秩序年復一年的維持不變，但是她被迫去參與由水瓶座所象徵的現代瓦解及摧毀的過程。對於她自己的財產，她一定有某種傷感，因為她至少要讓部分財產向公眾開放。不過無論如何，放手是雙魚座的部分過程，因此，就算覺得受傷，她還是讓自己的精神向前發展。最近她對於這一點有一些難關要過，不是嗎？你如何維持及握緊（金牛座），同時又需要放手（雙魚座）呢？如果你的金星在雙魚座，你會喜歡得到你需要的愛，但你也要放棄它，所以，出生前新月照亮的那股衝動，會在女王出生時產生衝突──公開地、私人生活、個人婚姻、與人民的結合、以及其子女婚姻中的公共災難。

她在上弦月之後不久出生，但她的月亮落在第七宮，我不知道她小時候發生了什麼事，但在她婚後必須面對的現實是在崩毀的廢墟之中重新建構──或許正是這段婚姻本身。在她新婚時期，那段日子一定有點棘手，但她堅持下來了，以她月亮獅子座的尊嚴，或者對於將其正直視為負面的你們來說，這是她月亮獅子座的頑固。

有趣的一點是，當日月形成四分相時，魯伊爾提到：「面對正在衰敗的架構，人們想要創造新事物。」她是否試著與自己的子民創造一段新關係呢？還是與她的丈夫？她可能會以皇后般的獅子座方式去進行。或許她要面對的是婚姻的破裂，或是尊嚴的崩塌，然後她一次又一次尋求創造新關係。她仍然想要打造與大眾的新關係，雖然她同時也非常努力地想要維持現況。而現在她要面對的是子女們破碎的婚

姻，她是否會從中創造與子女的新關係呢？同時，她的海王星也在第
七宮，四分相土星並對分相火星和木星。

同學：她的父親在她結婚後不久就去世了。

達比：他是哪一年過世的？

同學：一九五二年。

同學：她在一九四七年結婚，而他的父王於一九五二年逝世，一九五
三年發生了甚麼？

同學：加冕典禮。

達比：先這樣。所以，上弦四分相的主要關鍵在於它是危機。現
在，我們知道太陽四分相月亮是一個「強硬」相位，因此需要有意識
的關注；我們也知道它顯示父母之間的衝突關係，或者應該說，父母
之間的關係在彆扭時讓人感覺最強烈，他們的緊張關係比輕鬆相處時
更讓人注意。女王的母親王太后——是一位獅子座的女士，而女王的
月亮獅子座在第七宮，四分相第四宮的太陽金牛座。我們都知道女王
非常崇拜父親，而或許她也注意到母親鮮明的個性、更輕鬆享受公職
的那一面，以及這一點在父母之間可能產生的緊張感。女王適應了父
親可信賴、可靠、穩定、安靜的特質，以及母親的女王風範、回應人

民、外向的傾向,而她應該比較像她的父親。

當太陽與月亮形成上弦四分相時,感受到的緊張感是母親正脫離父親所帶來的。王太后也許總是站在丈夫的立場,為不安的人民帶來和平穩定,但她是以獅子座第七宮的方式去進行。現任女王感受到了這種緊張感,她現在必須試著在一波接一波的危機中帶來某種和平穩定,或許是為了她自己的婚姻,或許是與大眾之間的盟約,以及她的子女們的婚姻——面對衰敗的架構、崩塌的穩定,去鞏固嶄新的思想。那個思想種子是關乎危機中的穩定,她本人正是危機的載具,也是建立新的社交關係中所經歷的掙扎。

所以,這裡出現了危機,而女王是金牛座、金星在雙魚座,因此她致力於維護那個關乎局勢穩定的夢想或幻象;在這層意義上,她服務於愛,但同時也服務出生之前的新月。她被召喚去關懷、穩定她所服務的對象,同時開拓一種與人民之間的新關係。在那張新月牡羊座星盤中,火星在水瓶座,蘊含許多個人的煩憂和沮喪——也就是那個T型三角相位。就算她不是女王,她也一樣會緊握並開放所有屬於她的一切——來自於她個人的存在而獲得的資源,並成為新秩序的一部分,不管她是否願意。

同學:如果是日月的上弦三分相呢?是否不會有那麼激烈的掙扎,或我們至少可以這樣認為?

達比：例如：納爾遜‧曼德拉（Nelson Mandela），太陽巨蟹座三分相月亮天蠍座，他應該是努力讓「某種新的社會理念與人我關係在未來得以物化」的好例子。他是有強大意志及興奮感的人，或是「當面對老舊結構崩塌時沾沾自喜」的人——一個安靜的人，但同時也展示了鞏固新理念的決心。

　　我們可以說他的人生與老舊、崩壞、倒塌、瓦解中的事物的情感有關，因為是兩個發光體的上弦三分相，我們想像在所有的危機中他並沒有危機感。他當然看起來沒有女王那麼緊張，態度也比較優雅，或許是人生早期父母之間的關係並沒有埋下緊張感，三分相告訴了我們這點。

凸月（GIBBOUS MOON）

　　凸月是當月亮在太陽 135 度至 180 度之後——包括了上弦八分之三相、十二分之五相、一直到對分相。

　　在這裡，我會繼續皇室的例子，女王的兒子皇儲查爾斯（Charles）恰好接著凸月。魯伊爾說：「當你邁向滿月時，代表你正努力朝著照亮事物的方向前進。」查爾斯皇儲在滿月之前兩天出

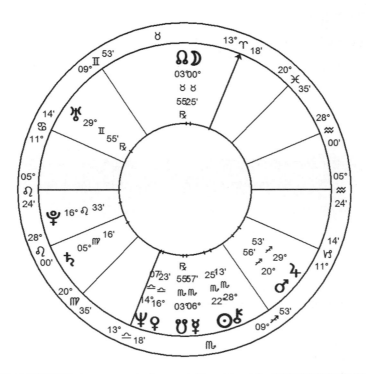

（圖二）查爾斯王子（Prince Charles），1948 年 11 月 14 日，格林威治標準時間晚上 9 點 14 分，倫敦（51N34，OW10），柯赫（Koch）宮位制。

生，他是天蠍座，月亮在金牛座，朝著滿月前進。

　　魯伊爾提到這類型的月相非常關注個人發展及成長的能力，他形容這些人想要為生命及世界貢獻價值及意義，並且努力使某種啟示或啟發成為可能。他們或許會將自己奉獻給偉大的人格或偉大的事

業，並且希望其他人以同樣的精神與他們一起奉獻。不管我們個人如何看待查爾斯皇儲，他當然看起來對於自己所選擇的工作不會倦怠，而他也在公眾之前努力掙扎，尋找能夠發光發亮的機會。

同學：不感到倦怠？你是否想說……

達比：不，我是指他對於自己的努力並不會感到倦怠。

同學：我不相信。

達比：你不認同這個字，還是他從不感覺倦怠這件事？他是天蠍座，而他出生在天蠍座非常末尾的度數，所以出生前的新月也在天蠍座。我們在天蠍座看到一切陳舊事物的死亡──死亡、衰敗、淨化，因此，只有骨頭留下來，那是曾經被釋放到生命中的精髓。天蠍座的思想種子是關乎破壞老舊事物與淨化，為了新生命而清出空間；我們在天蠍座打開也破壞，讓新的願景可以釋放到射手座，這是自然生命循環的一部分──大自然為新事物騰出空間的方式。因為是在天蠍座，某些事物需要被拆解，一顆種子需要被破開，新的事物才得以誕生，因此，他想要拆解某些事物，但他可以怎麼做呢？嗯，當然他似乎想要公開地進行。他在一個承擔責任的位置（月亮第十宮），而當他去履行自己的天蠍座命運時，我們都看著他，他在一個非常公開的位置進行；很多占星師都認為他沒機會成為國王，這是占星界的主流看法，而我自始至終都不太能夠接受這種看法。

同學：那是因為你不想去相信這件事。

達比：我有一種非常糟糕的感覺是你可能是對的，我可能不夠客觀，無論如何，我選擇不去判斷，只看星盤裡發生了什麼事。他的月亮在第十宮、上升獅子座、冥王星在上升點四分相太陽，他優雅地表現其人格面具，但他同時也顯露某種危險性，他在其中表現出自我的黑暗面、使人憂鬱以及他吸引危險的能力，在那個講求禮教的世界中，這似乎帶來自我毀滅的可能性，但是他需要去表現這些。就像所有冥王星獅子座的人們一樣，他帶著想要破壞並重新創造自己的演化渴求，擁有力量這件事本身的矛盾——需要力量或需要將力量瓦解——兩者在他內心掙扎，而我們也看到了這種掙扎、想要破除事物的需求。看看他的冥王星在哪裡？就在獅子座的上升點上，某些事情需要被摧毀，好讓它能夠轉化成更符合時代的事物。他努力朝著此發光的一刻前進，在此照亮並指出必須被破壞的東西，不僅對於他個人，同時也對於大眾。而他透過承擔責任的位置，也就是第十宮的月亮金牛去進行這一切。

　　他以大英帝國皇子的天職，帶著這種破壞與轉化的訊息。他的月亮在金牛座，金牛座的守護星是金星、落在第四宮天秤座、合相海王星，這告訴我們他所誕生的家庭，其中關於愛情和婚姻關係的理想化及幻滅在他生命早期就已經發生過了——或許都是祕密地進行，但他一定聽到了那些竊竊私語。這同時也告訴我們，他的精神渴望無法從誕生的家庭或家族中得到滿足，在心靈層面上，他是家族中的外

人，而他尋求的那些事物，或許可以在老年時找到。

　　當然，星象告訴我們的不止這些，但不管對我們還是對他自己來說，這永遠是個謎，而這種深層、心靈、悲傷的期盼，正是他魅力的一部分。聽聽魯伊爾怎麼說：「他們會重覆地問為什麼，努力想要釐清個人或社會文化層面的議題，以某種對他們來說是重要的目標為題。」他們有某種目標，同時可能無法以個人能力達成，因為他們只是大環境的一部分，是整個進化故事的某一刻；他們的目標是發光──能夠照亮原始思想種子核心的光。當月亮的守護星也形成了相位，這也許同時反應了個人層面、生命早期的迷失及失落感，源自於他母親個人因為丈夫那些難以解釋的桃花而感到的幻滅。你們了解我為什麼會這樣說嗎？

同學：那個第四宮的金海合相天秤座。

達比：對，我認識幾個出生於凸月的人，在我最近重讀魯伊爾的作品之前，我都習慣將他們單純視為滿月型的人，但我現在開始注意到滿月前／後不久出生的人之間的差別。在這兩種類型之間，他們從父母身上接收到的訊息似乎是相反的。晚出生的人似乎比早出生的這些人對於人生的看法較為客觀，他們可以讓事情發生在自己身上，同時覺得此事很「有趣」；而在上弦滿月出生的人，他們受驅使向著光前進──朝向發光、開悟、啟示前進，他們受到驅使，以個人的力量去達成目標，因這些似乎是生命重要的事。在他們的童年，他們看著母

親如何在看似與父親對立的狀況中，尋求理解及發光。

同學：這和下弦滿月的差別在於哪裡？

達比：我接下來會說，但讓我先從一般層面去討論滿月。

滿月（FULL MOON）

　　滿月是發光的位置，魯伊爾認為新月與滿月是整個循環最重要的時刻，這個月相階段距離新月 180 度至 225 度，它們都是開始，但意義卻相反：新月送出種子，而滿月則揭開了這顆種子開出什麼樣的花。對於滿月，魯伊爾的詩意來到最高點。

　　在這裡我使用一張國家盤，這張星盤可能不再貼切，但它是我所知道的南非星盤，也是我們在那裡時所使用的星盤，我們覺得有用。行星的行運與推運都透過這張星盤道出許多事情，基於在南非發生的事件，我認為很適合使用它，它是一張滿月星盤。

　　太陽在雙子座，滿月在射手座，但是種子、即這次滿月之前的新月發生於金牛座，金牛座的守護星金星在牡羊座，它唯一重要的相位

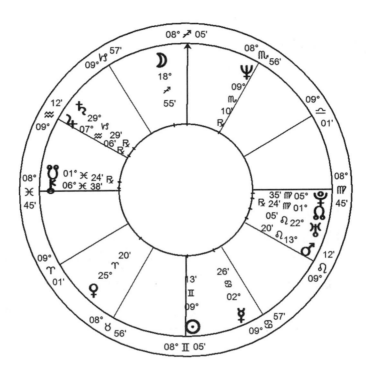

（圖三）南非，1961 年 5 月 31 日，上午 12:00。格林威治標準時間 5 月 30 日 22 點 0 分，普利托利亞（Pretoria，28S45，28E10），柯赫（Koch）宮位制。

是與天王星獅子座的三分相。所以，這一顆關於讓精神深入並扎根於物質的思想種子，當中蘊含某種急迫性，當滿月發生於兩個星期之後，那時太陽已經進入了雙子座，而南非在滿月過後不久誕生。

　　魯伊爾認為對分相是整個循環的頂點，最初的動機在此刻被清楚

看見——它是一個清晰的意象。他如此寫道:「這可能是指一種啟示或照亮,而且通常還代表某種滿足;但它同時也可能有負面意義,意指分開或離婚,甚至是脫離現實或內在的分裂……」他繼續說道:「對於滿月類型的人來說,關係是最重要的,或者他會拒絕一切關係,除非是那些擁有『某種理想』或『絕對』性格的人。」

純意識(pure consciousness)的客觀性是人性的基礎——啟示、照亮、滿足;「負面的可能性是分開或脫離現實。」這是一種非常極端的位置,我們所有人都有某種啟示的經驗,但不一定會因為這些而變動或改變人生。南非白人——由他們的領袖所象徵——普遍、共同表現出來的是認為他們是國家的主人,他們有權讓南非黑人服務;個人也許有不同的想法,但整個國家表現出這種集體信念,且他們有能力去相信這一點,因而持續了一段非常長的時間。然後最近,正如我們所見,這種啟示已經過時了,非常的過時,它嚴重地脫離了時代的現實。

在新啟示取代之前,兩個主要推動者建立了緊張的局面——弗雷德里克·威廉·戴克拉克(F.W. de Klerk)及納爾遜·曼德拉(Nelson Mandela)。戴克拉克先生的太陽在雙魚座末尾、月亮在摩羯座末尾,所以他是下弦月相的一部分,我們待會將討論這個月相階段。他五月底來此與柴契爾夫人(Margaret Thatcher)、約翰·梅杰(John Major)及其他商界人物晚餐,我的朋友之一也出席了這場聚會,她離開之後來到我當時也參加的晚餐派對,她告訴我們戴克拉

克被問到：「你為什麼要這樣做？你為什麼真的這樣做了？你是基於什麼政策？」他回答：「神告訴我的，我得到了啟示，我做了個夢。」或類似的話。「神告訴我的」，我的朋友突然哭了起來，她有點尷尬，但她說更尷尬的是當時屋內有一種氛圍是：「喔，是喔，很有趣，抱歉我們問了這個問題。」

　　戴克拉克是雙魚座，如果星盤準確的話，海王星在上升點，在這狀況下，當他說話時，是以南非國家盤的聲音發言——那個南非。

同學：也代表新的南非！根據尼克・坎皮恩（Nick Campion），他使用新憲法生效的時間去畫星盤，那張星盤太陽在金牛座，對分相在天蠍座的滿月！所以在這裡，根據這種觀察方式，有一種新的啟示透露了國家正往哪裡前進。

達比：對，正是這樣，而這張新星盤也是一個新月的例子，在前一個星座埋下種子，因為太陽在金牛座 5 或 6 度，月亮在天蠍座差不多20 度，因此，牡羊座新月是最初的動機——不只是原來的動機，更是那一個黃道年的原始動機。

　　「對於日月對分的人來說，關係或拒絕／否認關係是他們的一切。」在那張星盤的年代，黑人與白人之間有一種清楚的關係，最後證實這種關係跟不上時代，因此這種關係崩塌了，現在有一種新的關係正在形成，而此刻它仍然是混亂的，但它是根據新啟示而發展的新

關係，現在我們也有了一張新的星盤。

「關係或拒絕／否認關係是他們的一切，除了那些擁有理想及絕對性格的人。」換句話說，在此對分相中，彷彿存在某種真理，你遵循那個真理，直到你得到啟示有另一個真理存在，也許在生命的某一刻，你遵循著那個真理。只要是無法與你一起追隨那個真理的人，你都無法與他建立親密關係，因為你被人生過程中照耀於身上的某道光芒灼傷，然後你脫離了這道光，你從這道光走出來。

生於滿月對分相的人將在生命過程中揭開新月時所埋下的種子動機，他們感受到壓力，想要從自我的存在重心，透過日常生活的活動去表現那顆思想種子，其靈性生命與這顆思想種子的啟示有所關聯。他們透過扭曲自己的個性及性格去成就它，正如整張星盤所暗示的。他們表現這種啟示的方式有時非常具破壞性，有時則非常具創造性。據說釋迦牟尼出生於太陽金牛座，月亮天蠍座的滿月。

同學：他死於太陽天蠍座，月亮金牛座的滿月。

達比：對，這不是很有趣嗎？我們會假設這意味著他揭示當時那顆金牛座思想種子的任務完成了。

你們有人知道托馬斯・默頓（Thomas Merton）的作品嗎？他的滿月在獅子座、對分相太陽水瓶座；他扎根的「種子」新月落在上一

個星座摩羯座。他是一個天主教苦修士，他離世時，在整個宗教世界
以其致力復興苦修而廣為人知，同時也因其禱告而聞名於現代。他對
於諸如海德格（Heidegger）、阿爾貝‧卡繆（Albert Camus）這些
非宗教思想家們，以及禪宗、印度教和穆斯林蘇菲主義的思想家們的
洞見，都抱持開放態度。

你可以說他對於所有窺見過永恆的人都抱持開放態度，不論這些
人最終是否找到神。他的人生及日常工作反映了修行生活的紀律及嚴
苛，他所展現的種子來自摩羯座，但他是一個水瓶座，而他竭盡所能
地將最多的思想，帶入他試圖更新古代傳統的任務之中。他在一九六
八年五十三歲時離世，改天我可以舉辦一個講座，找一個主題讓你們
看他的星盤，看看他所做的工作如何喚醒現代人的心靈，讓他們看見
「存在核心」之中那道非凡的光。

同學：我丈夫的太陽在雙子座，滿月在射手座，他參與了將衛星電視
引進到這個國家的過程，他全心全意地相信這件事，事實上我不曾見
過他去做一件全然不相信的事，我都叫他「任務先生」。只有一次我
看到他心情沮喪，不過並沒有持續很久，那是他有一段時間要去進行
一件他不認同的工作，甚至為此生病了，後來他離開了那個工作，然
後他說他永遠不會再犯這種錯誤。他的金星在巨蟹座，他們給了他足
夠的錢讓他可以買他夢想的房子，但最後他說這不值得，房子還沒買
就辭職了。我當時十分沮喪，後來我才明白，對我來說他的人生及生
命力比一間夢想中的房子更為重要。

達比：這曾經也是你的夢想嗎？

同學：我想曾經有一陣子是，這有點是集體意識，不是嗎？而且我的金星摩羯座三分相海王星處女座，我必須說我並不是一直都支持他的夢想，他有一些夢想好像有點牽強，我星盤中有相當多的土元素！但那的確讓我上了一課。

同學：日月對分相的父母關係又會是如何呢？

達比：不論是上弦滿月還是下弦滿月，父母之間似乎都朝向相反方向拉扯，對於某人的忠誠，於對方而言似乎像是不忠誠，二人都討厭妥協，但他們都必須學習妥協，不論是哪一端的對分相，這些特色都很明顯。但我注意到兩者之間的一個差別，而你必須自己去鑽研這些東西，因為我們每一個人都可以讓知識日益增進。

　　我所注意到的是，在上弦對分相中，母親看似對抗，是因為她正努力往自己的精神啟示前進，她感覺有什麼東西正將她從丈夫身邊拉開，至少在這個孩子出生的時候，她正邁向某種有意義的事物，而她尚未到達那裡，如果她將會抵達，那也是稍後的事。這個孩子會隨著某種期待而成長，此期待將會成為伴侶生活、靈性生活的一部分。在下弦對分相中，母親已經知道自己的價值觀與丈夫不同，她只是與這種認知共存，她可能會、也可能不會在人生過程中處理它，而重點是「已經知道」，剩下的只是要解決或不解決這種差異而已。

散播月（DISSEMINATING MOON）

　　這是魯伊爾為那些出生於月亮距離下一次新月 135 度至 90 度之間的人的命名，當中包括了下弦八分之三相、十二分之五相、以及下弦四分相。

　　在此，我們再次朝向家出發了！如果這裡的家是整個月相循環的結尾、等待中的下一次新月，也就是那一年接下來新種子被埋下的位置。它被稱為散播月相類型，這是離開滿月、走向四分相之間的階段。

　　讓我們再次回到皇室家族之中，這一張當然是戴安娜王妃（Princess Diana）的星盤，她屬於此月相類型。她的太陽巨蟹座在第七宮，月亮水瓶座在第三宮，對分相天王星，並四分相第五宮的金星金牛座。同樣地，種子動機於兩星期之前的雙子座新月時被埋下，當時的水星在巨蟹座，所以我們可以想像這顆雙子座的溝通種子，背後有著巨蟹座的底色。她非常的巨蟹座，而她所做的每一件事都傳達了這個訊息，這與她具有滋養能力的溝通交流有關，但用來表現此訊息的方式是透過水瓶座的月亮——它對分相天王星，並四分相金星。

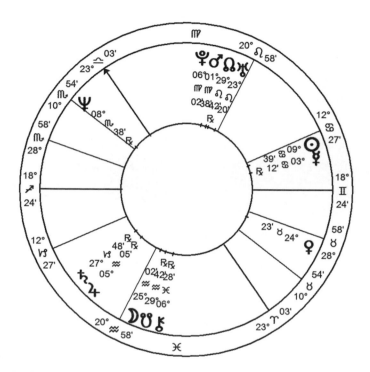

（圖四）戴安娜王妃，1961 年 7 月 1 日，英國夏令時間下午 7 點 45 分，桑德蘭 （Sunderland），諾福克（Norfolk，54N55，1 W23），柯赫（Koch）宮位制。

　　她想要表達巨蟹座精神的衝動——成為一位滋養者——是非常強烈的。然而，她需要以她的 T 型三角相位方式去做，需要以不舒適、斷續的節奏去進行，需要以讓人覺得無法預測及不穩定的方式去回應，而她只可能聽取其中一點點的建議。同時，只有當她在對的位置，而那個建議觸動到她，她才會順從，大部分的時候她會反其道而

行。你們有試過向一個月天對分相的人提供建議嗎？

同學：有，我的兒子，直到他十七歲我才終於明白，他需要的是合理地發展出一套論點，而那論點往往是我不認為是對他最好的安排。但是讓他自由地去做，似乎對他來說是最好的事，至少他本人是這樣看的，我得學習占星學才能明白這一點。

達比：回到戴安娜王妃，她聽不進別人說的話，感覺不到別人說的話，除非那些話是完全無私的——與個人利益無關。但是我很好奇，以其個性與地位，有多少她遇到的人是真正無私的。那個古老的巨蟹座訊息、那個「母親／滋養者」的原型，她只可能以最現代的方式去實現，因此也是最破碎的方式。而在月金四分相之下，她內心的感受一定是覺得自己永遠無法得到，那種需要從他人身上得到的滋養。

　　在此，魯伊爾這樣描述散播月相類型：「這些人會展示所學，他們是思想的傳播者、推廣想法的人，他們是鬥士。」我在這裡唸出他的話：「……在負面的狀況中，此類型的人很容易迷失於某項事業中，並發展出一種狂熱或被大眾情緒影響。」我想了一下我所認識的這一組人，並觀察這些鬥士的運作：啟示已經出現了，現在有些工作將會被完成。當然，如果是三分相會輕鬆一點，因為比較不會抗拒，但還是會有所抵抗；散播月相類型的人相對地沒那麼清楚那個啟示是什麼，但它會很快地轉化為想要傳播訊息的感受。它同樣也會產生緊張感，特別是四分相，因為他離最初的思想種子非常遠，並且正

在回到太陽的路上，而太陽將會產生新的想法。

同學：我的妻子是雙魚座，月亮天蠍座，她是一個傳播者，而一切是那麼的自然，感覺不像是在傳播理念的鬥士，但當我以散播月相的角度去思考的話，就看得出她是這類型的人。她的太陽在第十一宮、月亮在第七宮，她從事的行業與組織機構內部的溝通發展有關。在她任職的機構裡，她非常成功地打破了內部的溝通障礙，她描述她的工作是要化解同組共事的人之間的障礙。她也非常聰明，不容易被群體的情緒左右，因為她很專注在找出那些障礙，並運用她集結的思考——她會閱讀一切相關領域的東西，去化解同組隊員們之間的互相對立。

達比：聽起來她是此月相循環階段的好例子。

同學：她是，但當她想要把某人排除在外時，也是擅長得可怕！

同學：那個月亮天蠍座，我的丈夫也是，在第七宮，他也非常擅長排除他人！

同學：你知道嗎，麥克‧傑克森（Michael Jackson）是滿月雙魚座、太陽在處女座 5 度，因此出生前的新月會在獅子座，他的太陽合相冥王星、月亮四分土星。

達比：很抱歉我們現在沒時間去看這張星盤，但他的原始動機來自於獅子座很合理，不過他是一個真正的處女座，他的冥王星在處女座的進化群中。由此，我們可以看到透過月亮建立關係的思想種子，有時候與你的精神原型——太陽不一樣，我在想這是不是一種精神上的混亂？讓我繼續我的內容好了。

　　總結來說：光的位置在你身後，現在是將來自發光體的種子分散出去的時候。滿月類型的人活出了啟示，但是在此月相階段出生的人需要動起來，將啟示帶進人類的身體之中。他們的任務是透過自己與他人、生命的關係，去展開啟示內容的整合過程。這解釋了為什麼他們看起來像是鬥士，感覺像是他們正在與時間賽跑，在這顆月亮正在前往合相太陽之前的最後四分相階段。

　　你們知不知道愛因斯坦（Albert Einstein）也是此月相類型的人？他的太陽在雙魚座、月亮在射手座，下弦四分相入相位那側，他出生前的新月在雙魚座，本命太陽在雙魚座 23 度。他不僅以我們尚未完全理解的方式，重新建構了我們對物質現實的認知，還有從他的研究中所衍生的改革運動。他花了整個成年人生，想要阻止炸彈的使用，而此炸彈正是他的智慧結晶——他的智慧結晶這種說法，是因為它們來自於他為科學提供了原子的構造方式。同時，非常古怪的是，縱使他是我們這個時代智慧最高的人之一，但對於西方世界來說，他為人所熟知的不只是他的臉，還有他所做過的事。

　　你是否看到魯伊爾所指出的潛藏模式？當你開始去探索這個主題時，可能會找到各種不同方式去理解他所指出的內容；其中吸引我的，是他賦予日月每年的舞蹈以畫面，並提供了仔細的描述。我們每個人都在月相循環的某一點出生，也自然地實踐我們在該循環所需要扮演的部分。至於演得好不好、是否願意出演、是否有覺知的進行，得看其他因素。不過我們是一個自然循環的一部分，當靈魂世界以其無盡卻又有其限制的方式去反映精神領域時，我們也成為其中的一部分。我們的月亮在永恆與時間、精神與物質、想像與理解之間調解，而月亮也會跟著大自然的方式行動，這種方式是由日月於星空漫舞來表現。

下弦月（LAST QUARTER MOON）

　　當你來到最後象限的四分相時，你將面對此月相循環的另一個危機點。下弦月階段是由 90 度的四分相到 45 度的半四分相，其中包括了下弦六分相，這月相階段類型的例子包括了柴契爾夫人、克林頓（Bill Clinton）與榮格（Carl Jung）。魯伊爾描述，在下弦月中，是時候去體現意識形態的信仰——存在於思想或現實體系的定義性系統。出生於此月相階段的人會不計代價地全力推進議題，不論是個人關係或是社交關係，這些人缺乏彈性，他們認為自己是日後才會得到

世人欣賞的先驅。

　　他認為改革者都屬於這個組別，而他們都準備好朝向直覺之中的未來，我認為這是一個特別有趣的觀察，對於所有我能想到的此月相階段的人，這是非常好的描述。榮格在臨終之前，為了著作沒有廣泛流傳而感到悲傷失望，他覺得自己的一生都貢獻於研究，卻沒有得到普遍地讚賞。他當然活出了一段人生，致力於體現思想或現實體系中定義性系統的意識形態，可是，在我們目前天王星／海王星都在摩羯座的時代，那個體系正不斷瓦解、改革。

同學：柴契爾夫人當然很符合這個類型，但我不太確定克林頓是否也是如此。

達比：我們沒有人能夠確定，因為他還太年輕了，這些人似乎都將自己奉獻於某件事，但要等到他們離場時，才會完全理解那是什麼。魯伊爾說這些人普遍都喜歡諷刺，也有幽默感，並會將這些特質表現在他們所服務的事業中──或者他們完全難以接受任何批評。也許這兩種狀況同時都是真的，當我們討論的是人性時，我傾向認為「同時」通常比「其中一種可能」更為真實。

　　因為我天生比較容易被那些以諷刺與幽默看待自己的人吸引，我發現我有很多出生於這個月相階段的朋友。在這些人身上，我注意到一種不斷重複發生的掙扎，他們絕對知道某件事，同時又必須放手才

能夠理解它。他們知道這件事，而他們想要緊抓不放，但倘若他們如此，就無法活出確實體現它的方式，這是此四分相階段的一個大主題。因此，我們可以說上弦四分相確實是努力去建立某些東西，建立一個新的結構，去容納即將而來的光芒；而下弦四分相則確實是掙扎著放下緊抓著這個啟示的感受，種子只能在黑暗中才能生長。

同學：我有這個月相，而我不斷的掙扎、掙扎、掙扎，但最後我放棄了，告訴自己：「好吧，我放棄了，我做不到！」當我真的放棄了之後，事情就好像有了自己的生命，這是最近才發生的事情。我的太陽在處女座第九宮，四分相在第七宮的月亮雙子座，我與我的投資人之間有非常棘手的問題，他的角色比較類似於隱名合夥人（a silent partner），但他就是有意見。今年年初我決定放棄，我想要放手了，賣掉公司並把錢還給他，我們發生了衝突，一切都決定了。然後他突然戀愛，並移居丹麥，我則在非常短的時間內連續得到了兩筆很大的佣金，然後就掙脫這個困境！在嘗試了兩年之後，我們最終似乎達成實質共識。

達比：這是這個月相階段非常實際的一個例子！感謝這位處女座！這個月相有其他的表現方式嗎？

同學：是的，我有個例子。我過去每一任女朋友都要測試我當下對於伴侶關係的想法，我如今已經結婚了，而我妻子承受了我對伴侶關係抱持的理想所帶來的負擔。不過她比我實際一點，我猜每次當我想要

落實這些理想時，都會陷入麻煩之中，但我需要這麼做。然後，當我放棄了，我就感受到它的力量，我知道我是對的，但我也知道要放棄這種正確性。

達比：而且難處一定是在你真正放手之前你根本無法放手，因為月亮的黑暗就在前方，或許就像是一種無意識的覺知，你必須努力讓自己停留在願景的光芒之中。

同學：是的——在我感受到它之前，我一直試著從哲理去切入，但那沒有用。

達比：雅各與天使。

同學：怎麼說？

達比：我在想某個桑戈馬（sangomas）曾經說過的話——桑戈馬的意思是部族裡的療癒師、巫醫，是我在非洲時共事的人。她當時告訴我關於呼喚精靈的事，以及你要如何絕對的屈從於祂，否則你將死亡。然而，你同時也要為了一切你值得的事戰鬥，如果你在確實被打敗之前就屈服了，那只會讓你變得軟弱——或告訴聖靈你是弱者；但是完全不屈從、祂則會殺了你。好好地戰鬥到最後，然後放手，這將引導你來到轉化那一刻——那是祝福。雅各曾經徹夜與惡魔戰鬥，到了清晨時分，他看到祂其實是一個天使，而這天使現在要離開他

了，他告訴那位天使：「除非你祝福我，否則我不會放你走。」一旦得到祝福之後，他就爬上了天梯直達天堂。

消散月（BALSAMIC MOON）

那些出生時月亮距離太陽少於下弦 45 度的人都屬於這個類別，他們出生那天，距離下一次日月合相不超過三天半。魯伊爾再一次針對此月相階段發揮詩意，他認為在此月相階段出生的人都有預言能力，他們覺得自己是過去的完成品，而現在它們被轉向未來，他們有某種命運感。他描述他們就像是住在聖殿或領地之中，在那裡將進行某些事，或者事情正在進行。他們往往會願意為了這個事物犧牲，對他們而言，個人生命相對來說都比較不重要，無論透過他們進行的是什麼事——將過去帶到未來、帶到新的種子時刻。

這是整個循環「即將埋下種子」的時刻，那是下一個循環的種子——下一次合相的思想在此黑暗階段誕生，關係似乎也來到「某些過程的尾聲、達成某種崇高目標的方法也即將結束」。我覺得馬克思（Karl Marx）是此月相階段的好例子，較詩意的例子是巴布·狄倫（Bob Dylan），他的消散月相在金牛座，僅在他的太陽雙子座之後。我似乎認識很多人都出生於此月相階段，不是說他們都願意讓自

己成為聖殿，但是，他們都讓人有某種強烈的感覺，覺得過去正逐漸消逝於未來的火焰中。當月亮再一次合相時，它將會來到新的星座，那將是一個新動機、新種子，其中也有讓人期待的感覺。但是他們誕生於一個生命循環非常末尾的時期，因此，其中有種雙魚座的疲憊感，想要再次將自己封閉起來。

同學：這是一個象徵性的第十二宮，你可以用一本宮位象徵的書，檢視整個循環階段，逐一落定它所對應的階段。像是查爾斯皇儲代表象徵性的第六宮，帶著批判及歧見，那由他處女座的土星所支持。

達比：是的，最讓人滿足的莫過於看到星盤某個主題支持了另一個主題，不是嗎？但首先讓我們回到消散月相，在這裡，上一次新月所啟動的原始動機，其足跡來到最後。那些在此月相循環階段出生的人感覺到此次循環敘事的整體重量，他們感受到過去的沉重，但同時也有一種拉力讓他們卸下重擔——將它交出去，成為新王國的養分。這些人往往會讓人覺得缺乏人情味，而他們所選擇的伴侶關係，將會進一步完成某段可以追溯至數代之前的情感過程，但同時也可能反映出某個鮮活的精神目標，其中帶著某種迫切性。而情感關係將建基在一種「必須完成某件重要的事」的感受上，並且不計個人代價，這會讓人覺得非常沉重。

　　我有一個非常親密的朋友在這個月相階段出生，他經常談到肩負沉重的過去、歷史重擔的感受。他來自一個世代皆是公務員、有些名

望的家族，而他也感受到參與公共服務的家族史所帶來的重量。他沒有跟隨家族傳統成為公務員，但他督促自己有一個任務，關乎如何解決過去的某件事，使未來能夠得到解放。他在日常生活中以各種方式實現它，這往往是很模糊、隱藏、迷惑的，但的確強烈地覺得要「放棄某樣東西」。他的水星合相海王星在第九宮、三分相第五宮的火天合相，因此，你會看到星盤的其中一個面向如何支持了另一個面向。

　　這提醒了我：我們正在這裡觀察不同的面向，日月循環表達了一種面向，本命盤是另一面向，二推盤是另一面向，中點也是另一個面向，我們可以用這麼多的方法去揭露有意義的模式。你們有些人會發現自己對某些面向比較有共鳴，有一些人則發現自己可以在不同面向之間穿梭自如，並在一個面向中看到另一面向的倒影，找出對你最有用的方法是非常重要的，並忠於它。我們大部分人必須嘗試不同的系統與方法，必須盡可能地探索不同的觀察方式，但最終，我們都會發現某些面向會特別以比較清楚的方式向我們訴說。

　　如果想要熟悉此一循環，緊密地觀察它幾年或許是一個好建議。你可以從任何新月開始，但牡羊座新月是相當值得注意的，它是每年這個循環的開端。記得要記下每次新月時太陽守護星的位置及狀況，然後觀察它就好；七天之後月亮四分相太陽，然後十四天之後它對分相太陽，然後再七天之後它再一次四分相太陽，然後它會回到太陽的位置，但會在金牛座，因為太陽現在已經來到金牛座。然後，這個日月循環會重覆它的舞蹈並進入雙子座、然後是巨蟹座、一整年以

此類推地前進。透過緊密地觀察它與你的身體、心思、情感和想像力
之間的互動，它會成為你的認知的一部分。你會開始看見自己的太陽
和月亮之間的關係，只是該循環的其中一刻，你是某種更大藍圖中的
一部分，在這個更大的戲劇中有你一角，你是其中一位舞者。但在你
進場之前，這支舞蹈早就開始了，而它會在你離場後永久持續，你是
太陽、月亮與地球之間這場神聖之舞的參與者之一。

　　觀察這個循環是讓我們與生命本身的關係更為緊密的方法之
一，而不是經常煩惱在生命的這一刻或那一刻我們是否能夠得到想要
的東西。注意此循環是讓我們觀察如何在地球上展開人生的方式之
一；當然，這種開展過程持續透過你而發生，當它在你的星盤中移
動時你會看到它。每一次新月都發生在你星盤的下一宮，所以你也
可以看到此循環如何在你的人生中前進運作。有時候新月會發在於你
某顆行星上，當它觸碰到你的人生時，你可以想像該「埋下種子」的
時刻，你會開始看見該思想種子以及它的訊息如何隨著時間鋪展開
來，在你自己的水、土、風、火元素之中感受它。花一段時間去追蹤
這個循環，感受兩顆發光體之間的節奏，直到此天空之舞在我們的神
聖技藝中，成為你們美麗的內在知識的一部分。

　　月亮以其充滿特色的方式將太陽光反射至地球，它透過每一天
的活動，告訴我們每一個靈魂的故事。我們都會進行自己的日常活
動，不論有時候路徑有多曲折，都有一個照亮內心的意象；每個人在
時間中都扮演著某個角色，那個時間中的角色所反射的光芒，對於我

們而言，都是永恆之光。

---

① 出現於聖經詩篇 23:1 – 6：「我雖然行過死蔭幽谷，卻也不怕遭害，因為你與我同在；你的杖，你的竿，都安慰著我。」

第 8 章

二推月亮與本命月亮的互動
Progressed Moon to the Natal Moon

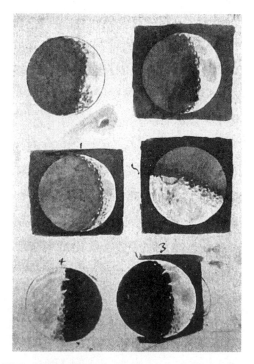

月相，伽利略‧伽利萊（Galileo Galilei）的水墨畫，
出自《星際信使》（*Sidereus Nuncius*），義大利，1610 年。

　　現在我們將探討二推月亮循環——月亮透過二次推運往前移動，離開其本命盤位置，繞行星盤前進，與本命月亮形成相位，直到我們大約二十八歲時它會回到本來的位置。當然，當它沿著星盤前進時，將接觸到星盤中的每一顆行星、經過每一個宮位；而當它回到本來的位置時，將再一次出發，再次沿著星盤前進，而如果你有足夠的力量及運氣活到老的話，它將會再一次展開新的循環。因此，我們大部分人會經歷兩次這個循環，有一些人則會經歷三次，甚至有些人在其生命中會經歷部分的第四次二推月亮循環。

　　讓我們先重溫記憶。本命月亮描述的，是每個人如果想要在地球上擁有生命都必須進入的身體閘門，到目前為止，沒有人找到其他方式，可以來到這顆環繞著中型恆星公轉的繽紛小星球。以我們目前所知，你要透過某個女性的身體進入這個世界；而這個女性的身體承載著每一件事情的痕跡——那不知何時是最初而開始發生的一切。在這一層面上，它承載著從最初開始曾經感受過的每一種情感，那副身體盛載著所有的過去，其中一些來自於帶給你生命的女性世代祖先，一些則由使她懷孕的男性精子帶入，此男性成為你的生父；但除此之外，你的母親身體承載了一切遺跡，從宇宙開始之初的一切。

　　你的母親所吸收的過去，將透過你出生時行運月亮的星座表現方式輸出，這個星座將描述在十二種偉大原型中將表現哪一個，並圈限這所有經歷。你的情感本質將立基於祖先的情感歷史上，並且在你出生之後，透過與母親之間的親子關係發展而被加強；對占星師來

說，這將由你月亮的位置及相位進一步定義。你的月亮所承載的所有深層過去，最先將透過你的生母而觸動；她是世俗的源頭，從中你出現了，她將成為你投射自己情感的螢幕，直到你可以獨立於她，並開始將它們投射於其他人身上。這種將情感投射到彼此身上並讓它們反射回來的過程，無論它們是否被扭曲都是一種出路，讓我們找到自己的方式去真正地與自己、他人及生命建立關係——儘管很長一段時間它似乎看起來像是一道鑲滿鏡子的長廊。

月亮描述了我們的本能反應，這些都是從世代發展而來、由祖先們總集的事物，它們被吸入成長的土壤之中——也就是我們的母親，我們的根源。一旦我們離開了她的身體，這些反應都會被帶出，由我們嬰兒時期的周遭環境來啟動。那些由月亮所反映的事物會被我們的周遭環境強化；對於大部分人而言，這些環境都是以我們的生母為中心，但對於某些人來說則不然。然而，在占星層面上，月亮總是在天上，因此也在我們的內在天空中，它會持續繞行，一次又一次的從本命位置出發並形成相位。月亮每一天的位置及相位都被外在及內在狀況加強，我們因此更深入生命。而占星層面反映了現實面，現實面也反映了占星的面向。

因此，一方面，我們生命早期的養育過程及情況將培養出某些慣性模式，讓我們回到根源以及嬰兒期的回應方式；但另一方面，從出生那一天開始，我們就已經逐步離開這個根源，而二推月亮正是訴說這部分的故事。在此象徵性的層面上，二推月亮月復一月的移開，一

度一度的離開其本命盤位置。**正如二推月亮循環所表達的，人生正帶領你一步步離開你的源頭，邁向生命的其他根源。**

月亮接續進入的每一個星座及宮位，都象徵了新的經驗及新的人們，每一種新經歷都會喚起直覺性的反應模式，但每一個新經驗也會帶來新生命，因此，這也是某種矛盾。你建立關係的方式是「有條件、不自由的」——依照你無意識所帶來的影響；然而，你建立關係的方式，也是唯一的方式，能夠讓你找到自我與生命之間的真實關係。一方面，你的根源經驗會持續被強化，但同時你也正與那個根源分離，走向有他人存在的生命。

同學：而涉及到他人，總是有愛的可能性……

同學：或至少會有某種關係。

達比：而這些經驗是原型、普遍性的，因此也讓你與共通人性產生連結，讓你回到更深層的根源——部分存在於時間，部分則在永恆。

隨著人生事件的鋪展，我們會被拉著向前行，但這種前進並非直線，而是循環的，或者應該說是螺旋形的，這種前進持續帶領我們走向未來的同時又總是讓人回到過去。如果你願意的話，它可以帶你觸及更深層的過去，超越你早年的環境，回到比記憶更深層的源頭。

　　任何生命的轉捩點、危機產生的熟悉感受，都能帶你超越個人經驗，這些情感在心理層面上依附於母親，同時它也是讓你進入深層水域的入口，回到生命最深層的根源。這些源自祖先的情感就像是一條河，你可以溯源而上，這個源頭既是暫時，也是永恆的。透過建立習慣去思考時間與永恆，我們就會來到生命的水域並得到滋養；它在我們生命的底層流動，同時也流經我們的人生。這是真正的靈魂料理，它是當我們尋求愛時所真正尋找的一切核心，它也隱藏於每次相遇之中，無論其表達方式如何被扭曲。**二推月亮告訴我們一生的情感旅程，同時也為我們指出通往地底的入口**；那些水底下的洞穴通向宇宙的土地、水域，有些時候這些通往深處的大門會自然地被打開。

　　我們現在將追蹤二推月亮的路徑，尋找這些大門打開的時刻：當現在將過去與未來連結在一起，當現在以此方式描述過去，讓你的未來得到自由。到目前為止你們懂我在講什麼嗎？

同學：永遠的自由嗎？

達比：不，不是那樣，不盡然是那樣。我現在所說的自由是需要一次又一次去贏回來的，我們有多常進入那種完全熟悉的情緒狀態，但卻身處於新的狀況之中？因為我們的心理察覺到了，在這些情境中看到了過去的痕跡鋪展這種情感模式，但是依舊迷失在這種模式中，無法與新的部分產生連結──當我們與那些觸動情緒的部分建立連結時，就卡住了。我從一九六九年開始持續觀察二推月亮，而且注意到

每當它來到每個轉角——當它與本命位置形成四分相、對分相、再一次四分相、最後回到原本位置時——這些時間都巧合地呼應某些人際關係，你在這些經驗中的轉角拐了個彎，進入新的內在發展階段。但這比拐彎更為隱晦——我們現在所說的只是在兜圈子而已！當你注意這些時刻，便能夠一直往未知前進，其中有著無盡的可能性，而不是單純被無意識引導，一次又一次的重複著那個模式。

當然，你會重複那個模式——我不是故意要誤導你，因為月亮是關於重複及持續回歸，但當二推月亮與本命月亮之間、這些角度發生的時間中，巧合的狀況及當時的人們都會成為一道閘門。在此閘門中，我們可以透過重複深層的情感模式回到過去；同時，來自未知的拉扯、狀況的新元素也訴說了無盡的可能性。如果你細心觀察，你可以讓自己天生建立人際關係的模式被帶入新境界；但是，同時也可能發展出一套習慣，去留意自己以及與周遭世界是否出現新的影射、新的層次。你的月亮、其位置及相位，總是反映你的過去狀況，每一個經歷，只要它包含任何情感，都描述著相同的麻煩。然而，每一種情緒狀況都會撥動那帶領你溯及根源的和弦，然後帶你穿過自我存在的源頭。時間與永恆以此方式交匯，我們看著月亮如何照看我們。

透過認知你的行為模式去意識到過去，同時藉由當下的情況及人們留意現在正出現的新形式，可帶領我們進入未知，其中蘊含著新形式的自由及責任。

　　有時候我們並不想進入未知的未來。星期五那天有一位個案來找我，他每年都來找我想要看看未來十二個月會如何，在我們的對話過程中，他說：「又一個年度董事會快到來──這些會議很無聊，每次差不多都一樣。」因為當時我正想著即將舉行的這次講座，我說：「但那是不可能的，行星彼此都持續在一種新的關係中，你與自己和他人也持續在不同的關係中，沒有事情總是一樣。」他沒有很大興趣想要回答我的話，所以我也打住了。他是那種已經決定了人生是怎樣的男人，也已經設定好自己的角色，雖然那些無限可能性、沒有預期又神祕的想法，經常浮現在可預測、已知的領域中，但沒有引起他任何的興趣。

　　稍後，我在與朋友的晚餐中提起這件事，我們談論了在我們年紀漸長的同時，更容易去注意重複的人事，而不是去尋找不一樣、新鮮的東西──事實上，隨著我們年紀漸長，對於新事物也抱著更大的疑心。我們想到了行星們不斷移動，彼此間一直形成新的關係，而它們如何變與不變，總是重複著循環，反映著本質上相似的故事，以及我們如何成為其本質中的一部分。在無盡開展「從未發生」的事件中，蘊含不斷重複的「同質性」。

　　在二推月亮第二次與第三次循環時，我們有機會航行在自我的情感生活和靈性生活的領海。在二十八歲前不久，當二推月亮回到本命盤位置之後，它會再一次展開旅程，但其他行星的二次推運已經前進了，行運行星也不斷地形成新的相位。在第一個二十八年中，二推月

亮的每一步正好為你打開了新的領地，當它第二次繞行星盤時，它會再一次探訪每一角落，因此你也會透過當下的經歷，跟著它回到過去。但是，你是透過當下的情感狀況回到過去，而如果你留意的話，你可以活在當下並深入其根本，而不只是一次又一次地重複同樣的情緒模式。

同學：你是說相同的事會再次發生嗎？

達比：在某種層面上，我的確是這意思。讓我用自己作為例子去解釋我到底在講什麼，我的二推月亮正在牡羊座……

同學：啊，難怪你願意用自己作為例子。

達比：是的，我有猶豫，但我忍不住！當我的二推月亮年初進入牡羊座時，我回到我的星曆表中，看看它上一次進入這個星座是何時，我當然知道那大約是二十八年前，但我想知道確切時間。我花了幾個月的時間回到當時，回憶起那些年我讓自己陷入的那些麻煩事！也想起了當時的試煉，還有事物帶給我的刺激及新奇。我查看了那兩年半發生的行運，並思考那些事件如何呼應這些行運。每過一段時間我就會有某種情緒經驗，喚起上一次二推月亮牡羊座期間的回憶。我有非常類似的情緒反應，但這次當然有更多選擇去回應那些內心感受。

　　我也看了二推月亮上一次與本命月亮形成強硬相位的時間，大約

是發生在兩年前，當時我的二推月亮正在下弦四分相，現在正邁向回歸，還有幾年才會發生。在二推月亮四分相的那幾個月期間，我記得當時的想法是——好像沒有發生什麼重要的事；但月亮的領域往往是那麼隱晦，當時我知道會出現某些事，告訴我故事。現在回頭看兩年之前，我可以看到當月某個晚上的一次相遇，現實的一擊將我踢回過去，我現在還記得當時的衝擊，但那時我太忙著經歷它了。過去透過當下浮現，我就坐在那裡並感到驚訝，但當時我無法表達它。

那是一種普遍感覺，但我的情況非常特別，當時我真的跟某人說：「我覺得自己走進時光隧道了。」但我需要與它保持一點距離，去看它在更大故事中所佔的比例。這件事始於我月亮回歸時，並在第一次四分相時發生了一個戲劇性的轉捩點，在對分相時失去了聯繫，當時我正接受心理治療，因此它必定表現在那深層空間中。這個意外讓我回到了自己月亮回歸的故事，但這還沒完，我一直在想當我第二次月亮回歸時會發生什麼事？到時候這個故事會結束嗎？

現在我已經在此星座的三分之一處了，也正在迎接第二次月亮回歸的七年循環中的三分之一處。我在各個點停留，注意自己對各種處境的不同回應，並回到早些時候的自己，這就是我所說的：把你自己和你的過去一起帶入現在。每一種情感關係都會讓你回到之前，給你一個機會去理解自己。這種省思在某種程度上可以賦予你力量、讓你得到釋放，讓你能夠為當下再多做一點什麼，因此也為時間淬鍊之下的永恆多一分貢獻。

如果我們可以運用心靈的省思力量，去注意在不斷變化中哪些東西是恆久不變的，又有哪些東西在無盡的重複中不斷改變，那麼，我們或許會發展出自己的能力，從生命中得到養分，並將它回饋給生命，不論我們正身處何處。

同學：那要求有點多。

達比：我們所擁有的外在自由也許比自己所想的少，同時，我們的內在自由也或許比想像中少。但是，倘若我們擁有那麼一點，都會存在於我們的心中，如果我們的心不去做這樣的選擇，那麼，哪裡還可能有真正自由？

同學：但大部分的人，包括我自己，都發現自己永遠無法改變自己或他人。我一直看著我的女兒如何一次又一次在伴侶關係中重複相同的模式，她總是愛上無情的男人，每次到最後都以同樣方式受到傷害。我可以看到她是從我身上學到這種負面模式，但我沒辦法改變它，而她現在正在重複它，這是一直不變的——她、或是我可以如何從中得到滋養呢？

達比：在這個講座的時空中，我不知道如何回答你這樣的一個問題，我當然一點都不能評論你的女兒，她應該還年輕，正藉由伴侶關係去認識自己的本性。但是你不一樣，你正在第二輪的二推月亮循環中，時間與歷練賦予你視野，可以讓你想得更深入。

　　我的確認識那些以關懷及敬畏之心去觀照自我內在及外在生活、引導自我慾望，而不是被它們驅使的人，在過程中他們的確培養了更直接與生命產生連結的能力。而我也確定他們是透過深入地熟悉自我的原型模式去達到，而不是想要逃避它們。因為那個讓你一直重複犯錯的模式，正是你通往恆久不變的大門，其中會出現各式的轉變，透過關懷及照顧，修煉我們的認知。透過自我觀照，思緒將引領我們深入生命的本質中，這就是人生。

　　是時候探討土星循環了。因為土星行運與二推月亮的週期差不多，所以它們不可避免地產生關聯。在人生第一個二十八年，它們非常緊密地連結在一起，二推月亮與本命月亮第一次四分相，剛好是行運土星與本命土星第一次四分相；二推月亮第一次對分相也剛好與第一次土土對分相的時間相當接近；下弦四分相也是。兩者之間在時間上的變化，與二推月亮在其循環階段移動的速度有關。

　　二推月亮回歸與土星回歸相距不到兩年，但隨著年紀漸長，這兩個循環的距離也會逐漸拉開，因為二推月亮循環歷時二十七年半，而土星循環則是二十九年半。當你來到第二次二推月亮回歸時，兩個循環已經相距五年，先是二推月亮回歸，然後隔四到五年之後，才是第二次的土星回歸。至於第三次二推月亮回歸與土星回歸則最久可以相隔七年。

　　這告訴我們，我們的情緒發展（月亮）與性格發展（土星）在生

命早期的確是緊密地連在一起。在青年期及成年初期，我們的心靈發展（月亮）以及對自己和社會其他人的責任感（土星）緊密相連。但當我們年紀越來越大，兩者也會逐漸分開。我們與生命之間的關係發展，將透過自己的本質以及他人（月亮），漸漸地與內在的決策者（土星）分開。

我們在人生前半段必須面對及接受的規則和責任，與內在發展緊密相連。但當來到人生中、老年時，情況似乎變得不一樣了，我們當然仍需要處理規則、法律、限制及界線，但是大部分的土星領域已經藉由嘎吱作響的骨頭及局限，表現在外在能量上了。而這些局限和新階段的界線認同（暗示著新的習慣及紀律），以及這些認同之下的新責任，似乎都不再像以前一樣，與二推月亮所代表的層面有所連結了。

同學：你是不是在說，隨著我們逐慢變老，心靈也會慢慢脫離時間的限制？

達比：在我人生現在這個階段，我不知道，但這是宇宙賦予我們的最有趣的洞見，也值得我們變老之後去觀照。有一些人，三十年來一直透過二推月亮與土星的二元互動去觀察自我和他人，他們對此可能有一些比較有趣的看法。

在土星循環中，處理的是形式的世界；在二推月亮中，則是處理

內容的世界。土星循環的每一個階段都告訴我們一個生命的結構，以及此結構的本質及範圍所帶來的責任。土星告訴我們要在哪裡付出努力，以及什麼樣的工作可能會讓我們成為專精。月亮則告訴我們是誰在付出努力，這提供了線索，讓我們知道寄居於此生命的旅人的情感本質，它讓我們有線索得知這個旅人的心靈生活；而二推月亮則告訴我們心靈從生命何處得到養分。土星描述任何時刻的生命形式，二推月亮則描述了是誰旅居於此形式中。我將比較專注討論二推月亮循環，但在過程中，土星循環將無可避免地扮演其角色。

第一次上弦四分相：築巢

在你六、七歲時，二推月亮將與你的本命月亮形成四分相，你從新生兒長成嬰兒、再到孩童，這正好是你在情感和社交發展過程中揭開新頁的階段。你不再是新生兒或嬰兒了，你還沒長大成人，但是你非常強烈地感受到一股拉著你走向獨立的力量，雖然此時你仍然需要有個家。

同學：而這與第一次的土星／本命土星的四分相差不多時候發生。

同學：還有天王星／本命天王星的半六分相。

達比：是的，而且如果沒有其他事情的干擾，這個年紀左右的人此時也會開始感受到自由的滋味。你們是否記得我說過，這些角度幫我們

打開新自由和新責任的可能性？我們已經知道土星循環緊跟在二推月亮循環的後面，但你有沒有同時注意到天王星循環大部分時間也以不同角度穿插其中？待會討論的時候我們也會注意到它。

　　在這個年紀，社會開始假設我們可以得到多一點自由，不再被當成小嬰兒了。通常別人會期待我們察覺到自己與其他小朋友的分別，而我們經常察覺到自己的父母與其他父母之間的不同，並且開始有意識，知道誰是屬於家族的人，而誰不是。我們知道自己屬於誰，也開始知道關於社會階級的事情，從父母繼承而來的外在界線在此時開始變得清晰。這些東西都屬於土星的領域，它們可以由土星的行運描述，但也有其他正在發生的事情，這些比較適合透過月亮的光環去理解。

　　二推月亮所反映的發展與內在事物有關，往往非常隱晦，它與內在生命的變動有關，也關乎個人意識到自己是他人的一部分，但同時也是孤獨的。在子宮裡以及在生命最初幾個月、幾年的人生中，我們還沒真正與永恆分離，我們是自然的一部分，並以天賦的衝動去做出回應，日復一日、月復一月、年復一年地，我們進入了時間與空間之中──開始意識到我們的分離、獨特性，內在與外在的不同。在嬰兒時期，我們與世界靈魂結為一體，我們是動物、花朵、魚──以某種富節奏的方式去回應內在的衝動。大約七歲左右時，我們來到了這個階段，在這裡我們不再「無意識」，是已經長大、知道自己與別人的分別，我們被切割了。

同學：這聽起來非常土星。

達比：是的，這反映在土／土四分相中。但是，二推月亮四分相訴說了想要再一次與自然融為一體的需求，我們在自己身上找到了一個神祕部分，並在那裡滋養自己；結合自我需求、母親或支持我們的家庭，至少足夠讓我們活下去。現在，我們發現需要去建立一個永恆存在的空間，並開始以這種方式省思自己的生命。大概在這個年紀，我們開始思考生命，最主要是自我的人生，並透過這樣的方式與生命建立關係。我們不再只是活著，而是開始擁有反思的力量，這種思考會帶來責任的假設，也就是土星，但同時也會帶來心靈的發展。

　　每一件事都朝向獨立性而建立，但是，我們仍然需要父母的照顧。大概在這年紀時會出現一場危機，讓人回到過去，並朝著未來，這反映在我們內在及外在生命中。而在此期間，我們正逐漸離開封閉的世界，因此歸屬感變得非常重要。我們開始意識到族群的存在，也是大約這個年紀我們會開始互相詢問：「你是哪裡人？」至少在美國會這樣，而回答通常是：「我是法國人或愛爾蘭人、德國人、瑞典人」或「我是愛爾蘭天主教徒」或「我是美國原住民」，然後，「你呢？」我們很好奇彼此的根源。

　　大約七歲左右，我們開始意識到個人不僅屬於家庭、也屬於族群，你一方面會在這些詞彙上建立自我認同，但你也渴望能夠屬於同儕所組成的族群中。你總是屬於某處，某個家庭、群體或某個人，你

的內在自性正尋求一個新的歸屬之處。我們有些人無法從其他小朋友身上找到這種歸屬，於是產生強烈的孤獨感，有些東西遺失了。

同學：約莫是在那個年紀，我正在生病，需要在家休養幾個月無法上學，我發現了一些書，而書裡的人物就成為了我的其他家人。

同學：你剛提到那些根源的問題：美國是一個非常巨蟹座的國家，所以我們都知道自己來自哪裡。

同學：對，我隱約記得在那個年紀時，我住在一個非常摩羯座的國家，問的是：「你的父母投票給工黨還是保守黨？」意思是：「你來自哪個社會階層？」他們的答案會告訴你這一點。

達比：這麼小的時候？

同學：是的。

同學：「你父親做什麼工作？」

達比：是的，我覺得美國小孩也會問這個問題，而這些都真的與族群有關──去發現自己屬於哪裡，並找出其他人屬於哪裡。如果你非常具天王星特質，你當然會比較樂於與其他族群的人在一起；如果你很海王星，你會尋找那些懂得唱你的歌的人，無論他們來自哪個社會族

群；而如果冥王星與你的個人行星有強烈互動，你可能會在其他族群之間感受到強烈的孤獨感，並渴望在你已知的居住地以外的隱密處成就你的心靈。

同學：我九歲時才開始上學，因為那時候我們太常搬家了，我記得大約七、八歲時，我突然注視著我媽，心想：「你不可能是我的母親，我一定是領養來的。」但當時我不敢去反抗她。

達比：噢，對，那很有趣，這勾起了我一個回憶。我之前曾聽人提過他們在討論生命的這種時刻，這讓我想到行運行星與其本命位置的四分相，往往會產生這種過去與未來之間的拉扯——害怕放下熟悉的過去，無論它多麼讓人不快樂，並抗拒自然成長的渴望——走向未來和未知。

　　此時正是承載的容器在你心中逐漸形成的時候，部分的你已經從「永遠的當下」走出，去建立這個容器、盛載你渴望回到永遠的家的部分，但它卻越來越受到時空中的各種事物引誘。在這段二推月亮四分相及土土四分相之間的時期，同時塑造了容器與內容物，你已經從世界之靈中被切割，去尋找一點自己的心靈歸屬。

同學：這湊巧與天主教教會中的第一次聖餐同時發生。

同學：什麼是第一次聖餐？

達比： 這是天主教會初次迎接孩子進入教會的時刻，接受第一次聖餐之前需要經過一個準備階段，我想我小時候是一年，然後你會參加一個儀式，過程中你被賜予聖餐——以麵包與酒的方式。從那一刻起，你就屬於教會，並被認為有能力做出合乎道德的決定。在正式儀式之前，你首次告解——思考自己至今的人生，並回憶你所有犯過的罪，例如：跟父母或老師說謊、做了不好的事之類。這讓你知道辨別好與壞，並賦予你責任去做出合乎道德的決定。在這儀式之前，沒有人會認為你有能力去做出這種決定，你無法對罪惡負責；但在這儀式之後，你就會被認定負有責任——道德上的責任。

同學： 這麼早？年紀有點太小了，不是嗎？

同學： 我不認為有人會像期望成年人那般，去期待一個孩子能夠處理同樣複雜的道德議題，這只是個人開始展開道德生活而已。

同學： 耶穌會士有一句話：「把小孩交給我直到他七歲，那麼他一輩子都屬於我了。」

同學： 好可怕，他們真的這樣說嗎？

達比： 這是你會在羅馬天主教世界中聽到的話之一，但重點是，如果你生來就是天主教徒，那麼大約七歲就會踏入這個人生階段。在其他文化中，這個年紀也會舉行儀式、其他的成年禮之類，我從未聽過在

更小的年紀舉行這類儀式。當然，出生時通常都會有儀式，但是通常大約在七歲左右，才會第一次舉行這種過渡性儀式。羅馬天主教很有趣，因為它仍然奉行這種古老儀式，而且非常認真對待它。然而，即使你不屬於某種正式、集體性的成年禮儀式的一部分，通常在此年紀也會涉及一些事物，告訴你關於你個人的存在、你的個人道德。

同學：我的月亮在水瓶座第六宮，第一次二推月亮四分相發生在第九宮金牛座。我六或七歲時，我的奶奶第一次帶我去坐她男友的機車，這無比刺激，我覺得自己是大人了；同時，我最好的朋友搬去了另一個小鎮，我有一段時間非常想他。但比較貼切的是，我與朋友在車庫創立了一個教會，我扮演傳教士的角色，並為鄰居的小孩們傳道。

達比：非常精彩的第九宮表達方式！他們有聽你傳道嗎？

同學：我的太陽在第十宮雙子座，他們有聽！那持續了一段時間，直到我們都覺得無聊。我決定我要成為神父，但有人告訴我女孩子不能成為神父，我非常的生氣。一段時間之後，我轉而對其他事情感興趣——事實上，我愛上了疊磚塊。

達比：很好的金牛座主題。現在不論你要成為神職人員還是砌磚工人，那都會更簡單了，這是這階段非常好的例子。

同學：第二次經歷這階段與第一次會有什麼相似之處嗎？

達比：讓我先講完第一次循環，然後我會講一些關於第二次循環的內容。第一次循環是另外一次或兩次循環的基礎，所以，先了解第一次循環的內容很重要。

第一次對分相：墜入愛河

在工業社會出現之前，這是另一個重要的啟蒙階段，它發生於十三至十五歲之間。同樣地，土土對分相將發生在那一兩年之內；天王星也一樣，以六分相的方式接觸本命天王星。人們會認真地看待這個年紀的性發展，並舉行儀式，讓族人不會因自由的性能量而被分散。他們參與青春期的儀式，這年紀也開始有人結婚。我們的社會也有其儀式，但沒有那麼正式，或者是因為人們沒有那麼清楚理解儀式本身，如今結婚率也不高了。

然而，此時有一場舞正在跳著，這年紀的小孩已經不再是孩子了，我們的社會不再懂得如何去榮耀此童年與成年之間的階段，對很多人來說，這個階段變成非常麻煩。這很大程度是因為我們長期接受的教育，在我們化學作用最強的時候，卻是一直坐在椅子上。荷爾蒙在頭腦裡快速亂衝，讓人常常覺得頭昏腦脹，而這個社會則只是想要讓我們的大腦塞滿資訊，讓我們可以冷靜下來。

從土星的角度來看，土星與原本位置的對分相，透過來自父母、師長及其他權威人物的「應該」與「理當」方式，我們來到反抗

社會規則及法律的階段。許多人發展出一種叛逆性格去應對各式權威人物及傳統，其中有一些人處理得很好，但通常是因為我們學會如何逃避長輩，甚至有時候是逃避自己；另一些人則對抗自己、也對抗社會機制，這個階段是你最可能聽到母親們說：「我甚至認不出那是我的兒女。」

　　這是二推月亮對分相的本質。在出生時，我們依然與母親融為一體，共享身體及靈魂；到了七歲時，我們已經與她有一點距離，但還在她知道的範圍之內，從出生開始就已經是如此。我們也開始從周遭、自我找到養分，從內在、或者與我們有共同興趣的外在族群尋得滋養。

　　到了十四歲左右的需求是想要盡量遠離母親，在這個年紀，也想從新出現的自性中尋求滋養。我們正從別人身上尋找自己的靈魂，並渴望拋出自己的靈魂，讓其他人理解；也期望此人以同樣的方式回饋我們，讓自己再次感到完整。我們的荷爾蒙正驅使我們離開自己的身體，且不斷尋找，想要在別人身上找到一個家。

同學：在我的二推月亮對分相時，我因為家庭環境而被送去住校，我母親並不想要這樣的安排，我也不想，但我們別無選擇。我的月亮在第九宮摩羯座，對分相巨蟹座的天王星，兩者同時四分相海王星，接下來的兩年半左右我過得非常不快樂，直到我認識了一個朋友，事情才開始好轉。

達比：以你的情況，你並未選擇分離，但它還是發生了。對你來說，那是分離的時刻，如果不是當時外行星與你的月亮形成相位所指出的命運，可能你還是會自己離開。當命運運作時，我們很難釐清自己的真實感受，它們陷在宿命的感受之中。然而你提醒了我一些事情，這個階段的主題並不僅是性渴望，它也是靈魂的渴望：想要在別人身上看到自己，這是想要與他人交流的渴望——從自我深層映像中的那個人身上找到自己。

在這幾年中，所有事情都讓人覺得很緊繃，我們會感到迷失，因為此時是在自己之外尋找自己的階段。我們夢想、想像自己被另一個人認可，讓我們回歸自我；我們在周遭的每一個人身上尋找自己，透過人際關係去發現自我。我們墜入情網、不愛了、受傷失望、背叛別人也被別人背叛，被驅使去與人交流、也因他人而展現深層的情緒模式。

按自然的發展順序，或許這是我們初次有機會以別人的角度看自己，在此階段的七年中，我們發現關於自我並且讓人覺得愉快及傷害自己的事物。透過激烈的情感歷練，我們被塑造及重新塑形，直到有一些人為了討好別人而失去了自己的樣子。另外一些人則縮回自我，因為我們找不到那個將內在自我反射回來的人。我們隱藏起來，讓別人無法傷害或找到我們，這通常是藝術與音樂真正為我們而生的時刻。

同學：是的，這是發生在我身上的事，在我交到某個朋友之前的孤單

時期，當時我開始繪畫和演奏長笛，一直持續不斷，除了孩子出生的
那一陣子。

達比：它們真的跟了你一輩子，但我覺得並不是人人都是這樣，大部
分人在這階段只是單純地接觸音樂、很常聽音樂而已。藝術與音樂
表達靈魂，包括個別靈魂與集體靈魂，而我們在這些吸引自己的意
象、在和諧與不和諧中真正感受到內在自我的映像，在藝術家們真實
的創作中看見自我的倒影。

同學：我只要想到我兒子從他聽的音樂中找到什麼，就忍不住想發抖。

達比：如果我沒記錯的話，如果我們的父母知道我們在青少年時期
都聽什麼音樂、看什麼書，應該也會發抖吧。在這個階段的最初幾
年，我們在母親、家人面前，常常看起來盡量不要像自己；在情感
上，我們也盡可能遠離嬰兒時的最初階段，盡可能遠離與母親之間的
交流，對某些人來說這是可以帶來滿足感的經歷。

　　要記得，母親當時二推的月亮與這個孩子的出生時間一樣也是隔
了十四年左右，她的二推月亮此時也正在孩子出生時的對面位置。如
果母親能夠與自我的內在同步發展，那麼她將能夠享受此階段所開展
的不同關係，兩種嶄新的視野可以愉悅地彼此呼應。我認識幾個真的
是這樣的母親，但在我們的社會中，更常見的是母親、父母與孩子之
間的互相角力。

我最近幫一個住在南非的朋友錄了一段錄音，她的孩子剛滿十四歲，她有點抓狂，因為這是她的孩子第一次不聽她的話，而且非常明顯。他們的家庭關係緊密，因此可以非常清楚地看見所有發生的事情。她兒子的月亮在天秤座，你應該可以想像他是一個有魅力、樂於助人、優雅的孩子；但他的二推月亮現在進入了牡羊座，本命月亮在第二宮，而現在二推月亮正在第八宮，他變得非常沉默寡言又成天板著臉，也不好好剪頭髮，不再穿戴整齊，行為也當然不再優雅了。

同學：而她感到害怕，我完全可以理解她的感受。我兒子的月亮在處女座第二宮，當他十五歲時，二推月亮來到第八宮的雙魚座，我簡直無法相信發生在他房間裡的事！他帶回家的那些朋友看起來就像是一輩子都睡在街上的人，兒子的太陽在摩羯座第六宮，有一次我問他——我承認我當時真的很憤怒——那些人到底是誰？他回嗆我說：「他們是我的研究！我正在研究在你那完全殺菌、乾淨整齊的牆壁之外的人生到底是怎樣的，你介意嗎？」我當然介意，我們就這樣生彼此的氣好幾年，那很糟糕，他的父親躲進他的工作中——而我是真正全面開戰的人，我的月亮在牡羊座，所以當時的我反應真的很大。

達比：你們現在的關係如何？

同學：嗯，那是幾年前的事了，現在他已經唸大學，我們好像又沒事了，事實上他變成了一個相當有趣的人。但我也回大學唸書了，他說

是他把我從家裡踢出去的，並說自己做得很好，因為看看我現在的樣子，或許他是對的。

同學：我跟我兒子之間也有類似的經驗，而我必須說，雖然我們現在似乎好好的，但我仍然為了這件事感到難過，我們不再像以前那般親近，也看不到重回那些時光的可能。我們曾經那麼親近，不知道是不是我做錯了什麼，現在我們之間還是有一層隔膜，每一次見到他，只要想到我們曾經那麼要好，現在卻似乎都在彼此提防，這讓我覺得很受傷。

同學：但如果他總有一天要與別人建立親密關係，這可能是必須的過程。我跟我女兒的分離階段是比較溫和的版本，那是很久之前的事了。我現在了解當時的她正在轉變為女人，而我則想要她繼續當個孩子，但是她想要離開我去尋找自己。現在她已經有自己的小孩了，我們又回到過去的親近關係，但從那時候開始我就很小心地不要過度干涉她的生活，這很難！但有用。

達比：我想你所說的是真的，年輕人想要離開是很自然的反應。我們離家、出去尋找伴侶，都是自然的需要，是世界靈魂召喚我們去找一個有點熟悉的外人。我們再一次從部落社會看到自然與靈魂的呼喚，似乎部落社會仍然親近自然、可以傾聽；但又同時太遠離自然了，所以要訂定規則和儀式去遵從這些自然法則。你不可以跟自己的家人結婚——血緣太近了，不夠多元化；但你也不可以嫁／娶得太

遠，不然你會失去族人的保護，離家太遠就等於差異太大。

當然，這些規則在多元文化的城市中似乎已經瓦解，但如果你仔細觀察，它們依然存在。如果母親與兒子在此階段還是黏在一起，這個兒子就不曾脫離過去、得到自由，因此難以外出尋找一個像母親又非母親的另一個人結為伴侶；如果這種天性未被滿足，最終母親與兒子都要付出高昂的代價。土星要求我們脫離過去，而二推月亮牽引個人與另一個既熟悉又陌生的人結合。

母女之間的故事則有點不同。生下女兒的母親們也同時生下自己，或至少看起來是這樣，當土土對分相與二推月亮對分相發生時，女兒正在成長為可以生產的女人；她必須脫離自己的源頭，才能讓自己成為根源。這種分離的簡易程度得看關係中的這兩位女性，如果幸運的話，女兒有能力離開母親，然後在之後的階段以一種不同的方式回歸。在遠離的同時，她非常清楚的看見母親──她看見母親身上有某些部分是自己非常想要丟棄的，同時也有一些部分是她想要擁有的。

要記得，每一個與本命月亮的這種轉角都會帶你回到源頭，並再次送你離開根源。在此階段，母親與女兒會非常完整地反映彼此，看對方像是自己在照鏡子的這個過程，往往會讓她們感到焦慮不安。一般女兒們會說：「我不想要像她一樣！」而一般母親們則會說：「她長成怎樣的人了？」或暗自地想：「我站在她旁邊看起來多麼老

呀。」在此階段父母需要有很多智慧、幽默感和耐心，如果你沒有的話，你最好要有，而這對我們每個人都會不一樣。

同學：我有一個每年來找我兩次的個案，上個月他告訴我，他大概在土土對分相時發現自己是同性戀，他在二推月亮對分相時認識了一個女孩，表面上一切沒事，但後來他認識了女孩的兄弟，然後事情就發生了。在他土土對分相時，他知道自己和那位兄弟彼此吸引，這嚇到他了！他說在那之後，他有幾年都不太好過，直到他終於可以接受自己是同性戀的事實。現在他已經在一段關係中長達二十年了，而且即將再次發生二推月亮對分相。他告訴我，他與伴侶有一個共同的女性朋友，最近他發現自己被她吸引！他的月亮在射手座，對分相雙子座的天王星，從第八宮到第二宮。

達比：他害怕這種吸引嗎？

同學：他說他不怕。他或許會處理這件事，也或許不會，他只是在我告訴他這個循環週期時覺得有趣而已。你記得嗎，去年我去找你的時候，我們在我的星盤中探討過這一點。我的伴侶是一個女人，而我們都是大約在二十一歲、下弦四分相時發現自己的同性傾向。自此之後，我在所有個案中都持續追蹤這個循環軌跡。

達比：讓我們繼續剛才的內容。在二推月亮對分相發生不久之後，緊接著是土土對分相，有時它們的時間相當靠近，有時則相隔三年或更

長。在這兩個星象之間，我們每個人都經歷了與自己、以及與身邊人的關係轉變。二推月亮的對分相，為我們的人際關係生活打開了新的可能性，我們被牽引在自身之外尋找內在自我的倒影。同儕之間被觸動的電流，依照我們自身的情感本質而帶來影響；但不管是什麼方式，我們都受到吸引，並在他人身上尋找自己。透過土土對分相，由於自己與他人建立的關係，還有那些反映出嶄新自我的外在事物，生命結構將發生變化。土土對分相讓我們知道，重新建構的過程正在發生。

第一次下弦四分相：修補圍牆

這階段在你大約二十一歲時來到，土土四分相也會在這之後才到來，依照你的二推月亮的移動速度。

同學：這階段也剛好是行運天王星與本命天王星第一次的四分相。

達比：對，這是天王星第一次的強硬相位，另外兩種相位雖然也是關於覺醒，但這個相位真的是一種覺醒。

同學：就像《睡人》（Awakenings）那部電影。①

達比：而我們有多少人被「人生到底關於什麼」這個問題喚醒之後，又再度睡去？這是個可能性，同時也是責任。你讓我想起了一個

曾經認識的男人，他告訴我他認為大部分人都會在二十一歲左右歷經某種覺醒時刻，然後他們會繼續回去睡，睡完餘生。每當遇到任何已經三十多、四十多、五十多歲卻仍然在「甦醒」的人時，他都會覺得驚訝；他說這就像是在黑白電影中看見一個彩色的人在走來走去一樣，既讓人困擾同時又讓人興奮。

　　這次讓我們先看土星。在我們二十多歲初時，通常會覺醒、開始意識到自己對社會的潛在用處和價值，這是故事的土星面向，而土星回歸將是下一個主要階段。在二十一歲左右我們走向旅程的末段——正在轉變為接受召喚的那個人，成為社會上全面發展的一員。有一些人會成為社會的部分核心，伴隨著所有它暗示的資源及責任——家、家庭、世俗的工作、清楚界定的社交網絡；而另一些人將在社會圍牆之外，以某種方式找到自己的位置。但很少人是真的遠離社會，我們可能在大門之外、仍然靠著圍牆。這正是此階段的開始，它將引導我們去屬於自己的地方。

　　此時我們在社會上被當成是成年人了，如果你要繼續接受更高等教育，你應該正在決定要在這世界上扮演什麼角色；否則，你應該正在磨練某種技術，讓你在世界佔有一席之地。你甚至可能已經在你所選擇的工作上非常成功，但你仍然是一個初始者，在這世上仍然有很長的一段路要走，直至終點。在下一個七年、直到土星回歸以前，將會讓你展示自己是否有能力去應對世界對你的要求。這裡我所指的是社會的生存之道，人們通常會期望你的參與，社會因而增加財富或保

有財富；同時期望你能夠照顧自己和你的家庭，這幾年正是你被期待學會這些事情的時候。在我們的社會中，很多女性如果沒有深入地投入其他事業，她們將在此期間開始生育孩子。

在這裡，未來正在召喚，我們正邁向未來，朝向獨立以及在世上某個角落的我們所需要的成就。我們受到某種事物的召喚，這給人目標和架構，其中帶著責任感；或者更準確的說，有某種必要性正在呼喚我們，其中的壓力是找到這一切對於自己的意義。社會帶著質疑的眼光看著我們，而我們也無可避免地需要去面對這些問題——即便是我們自己或檯面下的問題。

同學：這些大部分仍然是土星的議題，不是嗎？

達比：是的。同時，在月亮的光芒中，我們也正在一個轉捩點，這始於二推月亮與本命月亮的四分相，有時候發生在土土四分相之前，再次將新的人際關係形式帶入我們的生命中。在失去靈魂之後，我們再次找回它，在關係、藝術、美感或音樂的指引之下，來到了另一個轉捩點，建立習慣為自己帶來永恆時刻，我們需要這些瞬間帶來精神寄託，即便自己可能並沒有如此設想。因此我們已經有經驗，知道可以如何失去自我，對此某些人有更好的能力。在經歷了某種火的試煉之後，內在的天性呼喚我們回到容器之中——那個內在之所，它為我們的省思能力提供形態。某些事物讓人回到在二推月亮上弦四分相、大約六或七歲時所建立的內在之家，現在我們吸引而來的人際關係，可

以想像其目的是要讓人轉而向內，找到守護自己靈魂的方式——或是說守護那個讓靈魂安歇的地方。如果我們要進入這個充滿各種複雜需求的世界，那麼在必要時候，也需要有個方法可以回到內在。

　　在上一階段中，我們被吸引或被驅使，從自我之外尋找自身的倒影，如今來到下弦四分相的二推月亮，則反映了如果我們要遊歷世界、體驗其多面性，那麼需要找到回到內在自我的方式。公元二世紀新柏拉圖派學者普羅提諾（Plotinus）告訴我們，靈魂會在那些吸引我們的東西裡放下誘餌，讓人能夠體驗到對神的渴望。我們被世界引誘，雖然必須為此做出回應，但同時也需要確保內在的圍牆足夠堅固，讓內在靈魂可以繼續存活，讓人能夠在世俗的永恆之中受到滋養。

同學：誘餌？

達比：每次我用這個字都會變得很麻煩，常常有人想知道普羅提諾用哪個字去表示「引誘」，我想費奇諾（Marsilio Ficino）可能在他對普羅提諾的評論中用過這個字，我知道它不是希臘文，而普羅提諾也不是這樣說，只是我是這樣記得的。費奇諾與其前人普羅提諾如此描述這個過程，這觸發了我的想像。難道你沒看到世界靈魂如何在生命不同時刻從你的靈魂向某事、某人施展引誘？

　　普羅提諾認為你不會渴望任何事物（或者我們可以說「任何人」），如果你的靈魂中沒有它／他的形體或方式。因此，這些

線、這些流動的私語被牽引在你與其他（事物、人）之間，觸動你的渴望，永恆以這種方式吸引我們進入世俗。對於物質、情感的渴望是永恆渴望受限於時空的層面，如果在日常生活中沒有接觸永恆，一切就會變得平淡無味。

同學：總是有毒品、酒精跟性愛。

達比：我知道你在開玩笑，但你是對的！它們皆直通永恆的入口，有時候是非常直接的！你可以看到為什麼那麼多文化儀式會如此重用這些東西，而從何時開始以及為什麼它們沒有被納入神聖的空間中，毒品、酒精與性愛，可以轉變成如此破壞性的東西。在凡人所得的恩賜中，性愛是最強大的一種入口，當我們墜入愛河之際，陶醉忘我直至永恆。從最基本的層次來說，兩個異性之間的性愛結果經常是另一個人的誕生，讓時間一直延伸到永恆。但所有的性吸引力都同時具有創造或破壞力，因此不論你是否真的付諸行動，其中都帶著一些永恆特質。

回到我們的主題：在上一個階段，當二推月亮與本命月亮形成對分相時，我們受到引誘，或受召離開自己。但在下弦四分相剛開始時，我們聽到來自內在的呼喚，回到自身並與靈魂重新產生連結，讓我們不會在踏入世俗的路上迷失。有些人在他們靈魂所在的周遭築起堅固的牆，以致他們似乎完全切斷與自己的連結；另一些人則開始聽到世界的呼喚、必要及責任感的呼喊，想要退縮、回到永恆的內心世界，這兩種極端都不太有用。

　　不論此時我們有怎樣的人際關係、遇到怎樣的危機或兩難局面，從而觸動天生的情感模式，這些都會賦予我們與自己建立新關係的體驗。這將發生在土土下弦四分相的幾個月之前，因此是為了外來的挑戰做準備，讓你航向世俗中的人際關係以及其需求。因為是月亮，所以它經常會隱藏起來，你當時看不清楚正在發生的事，只有當這個循環繼續前進，你才會開始看到那些情感轉折與什麼有關。當然，隨著你離它越來越遠，你也將看得更清楚。這正好解釋了為什麼在第二次、甚至第三次回到這個階段時，你會更容易得到洞見與智慧。

同學：我非常清楚記得這個階段，在占星學上，我注意到我的土土四分相發生在月亮四分相之後一年，它持續了大概六個月。我的意思是，土星就坐在四分相那裡——順行、逆行、然後再次順行，全部發生在兩度之內。你可不可以講講，當土星的強硬相位就停留在本命土星的位置，並坐落在那裡幾個月到底代表什麼？我們有什麼應該知道的嗎？

達比：可能有，但我不確定我是否真的知道。二推月亮永遠不會停下來，它持續移動，那是它的天性使然。但土星與其他行星有時候會像你所說的「徘徊」在大約一度左右，讓我們看看如果認真思考的話，會出現哪些主題。

　　土星的強硬相位總是令人感到不舒服，因為它代表了我們在世俗現實的限制之中接續的發展期。由於我們的自性極度深植於此生的時

間中，當時間要來調整自我，讓它適應新的生命階段時，大部分人會感覺受到土星的壓夾。從出生開始，不同時段的土星強硬相位就已經深嵌於你的星盤之中。出生之後，便可以參考星曆表，找出所有土星強硬相位的時間，因此，似乎某些強硬相位「註定」要對我們更為苛求。

當土星經過強硬相位而沒有停下來時，你可以假設它所要求的調整是簡單的；但當它在此徘徊幾個月時，你就必須相信這個調整是介於自我定位與你正接觸的世界之間，它要求你更深入地去思考及觀照。當你再次回首那個階段，試著看看它為什麼需要你更深入地為自我的認同感以及未來定位的需求而付出努力。在這時期所得到的歷練一定更為深入，引導你的生命深刻地重新定向。

同學：是的，的確是，這是一段特別的經歷，引導我在土星回歸時成為一個心理治療師。

達比：我想如果任何人回首那些強硬相位，那些最長久、最難捱、最深層的相位，你會發現在當時的苦難之下，逐步發展的主題是恆久的。

二推月亮回歸：自我承擔

二推月亮回歸發生在土星回歸的一年多之前，在二十七歲時，行運天王星與本命天王星已經形成了三分相，讓我們比較輕鬆面對即將發生的各種改變。土星回歸不止是時間的某一刻，它是一個歷時十

八個月至兩年的過程，它是生命中的一段時間，不是生命中的某一天，也不是土星回到自己位置的那一天，而是它發生前後的那段時間。由於二推月亮回歸經常發生在這幾個月之前，因此你可以將它視為是進入土星回歸的入口。

已經有很多人書寫關於土星回歸的主題了，你們很多人可能是讀了麗茲・格林（Liz Greene）大約於二十年前寫的《土星：從新觀點看老惡魔》（*Saturn: A New Look at an Old Devil*）而接觸占星學，我不想在這裡講太多土星回歸的內容，唯一想提出的是，它剛好與某段生命發展過程同時發生——要求我們重新審視人生至此所發生的每一件事情。它往往呼應生命的重大改變，挑戰我們的自我定位及方向，促使自己做出影響終身的決定。

俗世的「應該」與「理應」所帶來的重量，沉重地壓在我們身上，這些壓力會出現在此時期所做的決定中。生命的羅盤慢慢地指向一條特定的航道，在接下來近三十年，我們會以某種方式走上這條道路。外行星的行運會揭示在此期間開展於我們眼前的道路。

一旦方向變得清楚之後，感覺便有如重生，相較於土星回歸，這種重生的感覺與二推月亮更有關聯。土星回歸告訴我們在界定自我發展的限制（或者應該說是界線）時所建立的架構，它指出，如果想要完整體驗我們降生的世界，必須承擔哪些責任以及需要。它告訴我們發展自我紀律將帶來最大的滿足感，如果我們不負責任，則會承受最

大的苦難；同時，如果我們壓抑，將會付出最大代價。

同學：你剛說我們可以將二推月亮回歸視為土星回歸的入口，這算是一種的準備嗎？

達比：二推月亮回歸讓居住在這個空間的人誕生了──此人的自我被擠入他的角色及其需要之中。之所以說它是土星回歸的預備，只是因為一定要有人在那裡，事情才能夠發生。二推月亮回歸反映在當時的情感狀況中，打開了一扇直入深層自我的大門。而這些狀況及我們對它的反應，揭示了靈魂之旅的本質──因為它透過我們個性中的黑暗和光明、美德和缺點來表達自己。同時，二推月亮回歸也揭示了我們在此生的物質與時間中，真正尋求的是哪一種養分──或者說，在物質及時間上，我們真正適合賦予此生的是哪一種滋養。

二推月亮回歸是土星回歸的預備，但也可以將土星回歸當作是二推月亮回歸時所出現的容器，去承載實物。容器與盛載，互為陰／陽，一旦你看到它們在一起，便永遠是成雙成對。

同學：我剛剛查看了自己二推月亮發生的年分與月分，那是十五年前的事了，但我仍然記得。我不想談當時發生的情況，但正是在這段期間，我才發現自己並非自以為的那麼好，我從來沒想過自己可能不是一個好人。當時我想要某樣東西，我忘不了自己全力爭取、並且在這個過程中嚴重傷害了一些人。當然當時的我讓事情合理化，但永遠逃

避不了自己的良心，仍然會想起這件事。

達比：謝謝，你剛剛告訴了我們滿重要的事情。正如大多數人所知道的，生產往往是一個痛苦的過程，不論這裡說的是孩子、畫作、還是一本書、一個事業、一個電腦程式、還是一段真實的關係，總之，事物的誕生往往充滿了危險。為了減輕不必要的痛苦與危險，我們可以學習一些技巧、做一些儀式，但誕生就是創造，創造過程也會讓我們更接近永恆，但它甚少是俐落流暢的。月亮回歸反映了這個階段，在此期間，我們孕育靈魂，或者更真切地說：是靈魂孕育了我們——進入全新的面向及自我覺知。

這種自我覺知有很多面向，時間與永恆，在月亮與土星回歸之間尖銳交錯，我們站在山巔，極目遠眺過去及未來，那段時間的情況與關係要求我們以永生為背景，更深入地觀照生命的有限性。我們不敢隱藏自己的腐敗和弱點，也不敢無視自我的核心之美，這些都會反映在當時的狀況及關係之中。在月亮回歸與土星回歸之間有著非常清楚的時刻，有一些讓人感覺極好，也有一些讓人很絕望，其中參雜著你發覺自己並不是自我想像的那樣。

土星回歸是關於為自己的生命負責，或至少開始看到其中蘊含的深層意義。月亮回歸透過它當時的狀況，告訴你需要為誰負責任，你不可能為一個抽象概念負責。月亮回歸揭露你的內在自我，充滿一切渴望，以及其緊握生命寶藏的能力。

要記住，這裡所描述的是本命月亮的星座、位置及相位，你對於月亮回歸當時的關係和狀況的回應，透露了你的本質天性，這承繼自你的祖先並藉由生命至今的人生塑造。此時不同於二十七年半之前你剛誕生的狀況，但你追尋滋養的方式將充滿你個人的特色，你的人生在此再度展開，其中接續著你一直經歷、運用並成就你如今樣貌的自然本性。

同學：我當時沒有意識到要追求什麼需要的東西，但我想我得到了我需要的了。多年來我一直為了不愛自己的母親而感到內疚，在我月亮回歸的那個月，她來我家住了兩星期，當時我有兩個年幼的孩子，她聲稱是來幫忙照顧。等她離開之後，我超乎想像的疲累，但也覺得終於自由了。那天晚上當我的丈夫回到家，看到我像死屍一樣攤在沙發上，卻哼著「聽啊！天使高聲唱」（Hark! The Herald Angles Sing）②的旋律。

達比：她是聖誕節的時候來的嗎？

同學：不是！當時是九月，而我甚至不是一個虔誠的人。

達比：當時發生了什麼事讓你感到那麼的自由？

同學：我不太知道，我的月亮在射手座第四宮，合相土星……

同學：土星在月亮之前還是之後？

同學：有趣，它在月亮之前，所以二推月亮已經通過它了——有可能是在我知道她要來的時候！我只要一想到這件事就變得很憂鬱，但你總會想這次應該會不一樣。土星與月亮之間相距六度，她住在澳洲，她想要來探望所有子女，各自待在每個人的家裡兩個星期。但那種自由的感覺，有可能是因為我突然領悟到她有多麼自私，她過去總是控訴我的自私，而我無法否認；但那兩星期能夠看到她還是一件很棒的事，當她離開之後，我好像不再感到內疚了，不管是為了任何事或任何人。

達比：然後？

同學：嗯，當然那是一個不太可能實現的夢，但我發現你可能要去榮耀你的父親與母親，而如果他們不討喜，你可以不喜歡他們。

達比：在你的例子中，月亮回歸孕育了某種自由感，這可能有點獨特。如果你的母親當時在世，這個星象往往指出了你與她在關係上的改變，這真的是你與生命之間的本質轉化，這孕育出一種全新的覺知。我認識很多在月亮回歸之前已經深刻自我覺察的人，然而，在月亮回歸時，你的情感生活反映了你的深層內在，而在這之後，這種反映方式會使自我的欺騙逐漸更像是自我沉溺。

同學：這樣說有點苛刻。

達比：我知道有一點，但是，月亮回歸時你所擁有的關係，它反映情感本質的方式讓你能夠孕育出自己，此時，你情感本質的每個面向都已經被釋放或被認知了。你的二推月亮已經在你內在天空中繞了一圈，而它透過這個方式反映了每一種你能夠感受到的情感和反應。而現在它即將再次展開旅程，但這一次你有一塊內在、鮮活的鏡子，讓你去反映自己的情感，並且以此為本去採取行動。

同學：這聽起來像是說當第一次二推月亮循環時，你透過它在黃道每一度推進，製作這塊可以反映的鏡子；等到月亮回歸之時，它便完成了，並且將開始清楚地反照。

達比：差不多是這樣，或許「製作」這個字有點太實在，「喚醒」會比較好。那些時間與永恆交錯的時刻，當過去出現在當下，正是要喚醒其他層面的時刻。在月亮回歸時，不論是否專注地觀照，人們都會開始清晰反映這個面向、這個靈魂之所，進而認知。對我們大部分人來說，可能都要花一點時間才可以詮釋從鏡裡、從關係中看到一些什麼——這個鏡中自我重要的部分。但我們的真實心靈以及永恆卻誕生於世俗的靈魂，它們的所有顏色都期待在鏡子中被看見。

從實際的觀點來看，這是我們開始發展內在及外在儀式，去擦亮鏡面的最佳時機，在這些儀式中，我們問自己問題，引導自我更接近

普遍人性。當然，你可以一直拒絕接受鏡子所映照的事物，我們大部分人心中都有一個白雪公主的後母，但我們現代的版本偏向：「我在這鏡中所看到的醜陋並不是我，它是你的、他的或她的」；然後另有一個相反的版本：「我在鏡子中看到的所有醜陋都是我自己」，這些扭曲的影像最終都會被看透。如果你願意付出耐心，同時深入觀照的話，你個人的情感經歷會開始浮現你內心深處的倒影，引導你走向普遍人性，經過「自然」本身，最終到達生命的本質。

從此處開始，由於二推月亮將展開新一圈的旅程，循環中的每一刻都會帶你回到大約二十八年前的某個時刻。當你的二推月亮來到與本命月亮強硬相位的位置時，在每一個轉運站的時刻它都會以某種方式描述過往，讓你可以用更深層的情感認知走向未來。透過反映及觀照，你的認知可以帶領你去體驗自我、並超越自己。

同學：這都發生在你月亮回歸那一刻？

達比：我們今天所討論循環中的每一點，都會展開你生命的新階段，確實的合相、四分相或對分相，將呼應一些情感事件，從而開啟下一個階段，而那個階段會在接下來六到七年間發展。外行星行運與其他行星的推運，會隨著故事的鋪展而塑造其情節。

同學：我是在月亮回歸的三年之後，甚至在土星回歸之後，才理解到它的暗示。我在月亮回歸時展開了一段關係，這段關係後來改變了我

的人生，但我當時並不知道，是花了幾年時間才明白的。月亮回歸時
遇到的那個女人，就是我從十三歲以來一直尋找的人，她是如此真實
又真誠，我並沒有認出她來，我太習慣於自我幻想了。

達比：事後回首往往都是比較容易的，但這對占星師來說是最令人
沮喪的，不是嗎？讓我們看看第二次二推月亮與本命月亮的上弦四
分相，我們今天還有很多內容要討論，而我想要再一次講完整個循
環。我也想跟你們討論一張星盤，星盤主人告訴了我她一生至今的故
事，我們可以透過二推月亮循環與土星循環一起去觀察。

　　第二次二推月亮循環多加了一層你的記憶，因為你現在有能力回
憶當下二推月相階段的上一次經歷，因此也有更多的導航能力。在第
一次循環時，生命造就你；而這一次當土星回歸一起到來時，你與生
命共同去處理它。

　　這次我只會花一點時間講述每個階段，只想讓你們去感受一下那
個時空，你們已經通過土星回歸的人都擁有深刻記憶，可以回到上一
次的階段。因此，你們已經擁有其中一切需求，去投入之後的每個
階段。當你回到上一次的回憶時，你的靈魂會找到自己的方式去消
化，並為自己重新定向。以敬畏之心去處理你的記憶，並等待靈魂的
理解。

　　二推月亮強硬相位之後發生的土土強硬相位，將會調整人生與自

我的架構，讓你適應內在發展。二推月亮循環與土星循環的漸行漸遠
也有它的故事，我會另找時間再討論它們。

第二次上弦四分相：重新修築你的巢穴

　　土星第二次上弦四分相之前幾年，二推月亮會先來到其上弦四分
相的位置，它發生於三十二至三十四歲之間。在此強硬相位期間，外
行星的活動極少，天王星在此其間與本命位置形成 150 度相位，一
般而言，這期間的紛擾比其他強硬相位時刻來得少。話雖如此，但我
不覺得這個階段的重要性會比其他階段低。

　　在月亮回歸期間，我們與他人、生命、自己的關係都重生了，土
星回歸似乎固定了我們的位置，不論我們喜歡與否，它都給予了我們
一個在社會中的位置。現在這個地位受到挑戰，就像發生在六到七歲
的第一次二推月亮上弦四分相時，這個階段再一次產生內在的重新定
位。此時的情感事件會引起你的歸屬感與孤立感，而這段時間對你至
關重要的人際關係，會以特別強而有力的方式反映你過去的旅程，以
及你要前往的地方。

　　你可能會覺得失去了永恆，或者如果你是比較實際的人，你會感
覺若有所失。在此期間，你會遇到一些人，他們會指引你通往下一個
階段情感發展的所在；透過這些人，你再一次回到內在的居所，你會
以某種方式被帶回你的六或七歲——即第一次四分相時初次宣告主導

權的地方。不論此時描述了怎樣的內在或外在衝突，它都會將你拉向內在──你可以說去重新修築你的巢穴，有一種新的面向正在浮現，而它正召喚新的關係進入你的生命。

人生的第一個七年，你從永恆被拉向時間。在二十七歲的二推月亮回歸時，時間與責任透過歷練深化，使你重生。現在，在此上弦四分相階段，你需要更深層的滋養，也是你當時的情感關係讓你知道，自己缺乏這種養分，而你有可能找到它。

在這時刻，你被拉回根源、回到你來的地方，過去回來了並要求你回顧。不論當下你的情感世界的主角是誰，他都會給你一些經歷，去觸動你本命盤人際關係的模式，但同時也會開啟新的、需要安居的內在房間。過去與未來同時以其方式拉扯你。

同學：這讓我想起了木星在巨蟹座是擢升的位置，不論你看到怎樣的未來願景、怎樣的可能性，如果它是真實的，那麼它一定是來自於你的歷史、你的過去。如果它不是來自於最深層的自我，那麼，沒有一件你創造的事或你成為的人可以真正滿足你，那些都只是其他人的夢而已。

達比：是的，這個表達方式很棒，行星在擢升的位置暗示了很多事，不是嗎？我們今天所有二推月亮的討論都在這個占星學的事實上：木星在巨蟹座擢升，而所有的天性都隱藏在這些字眼之中。

　　這當下的情感狀況會帶出你祖先的鬼魂，你沿著臍帶往下直到最深處；二推月亮回歸時，你與自己的根源產生連結，而它再一次送你上路。在此階段，這些根源釋放出鬼魂去迎接未來的新承諾，你的靈魂重新定位自我，要做到這一點，它就必須同時感受過去與未來。這經常會呼應某個時間點——當你正在尋找一個能夠更佳反映內在世界的新族群，你正在尋找一個可以歸屬的地方。幾年之後當土星上弦四分相發生時，你已經建立了情感基礎，而建構的工作將會在你的人生中持續進行，這將反映二推月亮上弦四分相時所進行的內在發展。

同學：為什麼行運土星與其本命位置的強硬相位會讓人感到如此不舒服，有時候甚至比它與個人行星的接觸更不舒服？

達比：我不知道，但我同意你。這可能讓人覺得，在你的精神體的排水管中，好像有人正在那裡刮下經年累月的鈣化物。

同學：可能因為那是正在發生的事。

達比：或許吧，而一旦這些鈣化物被刮下，就可以展開下一個人生階段了。

第二次對分相：再次墜入愛河

達比：從占星學的角度，四十歲出頭那幾年還滿多事的，不是嗎？

同學：海王星四分相。

同學：而且，冥王星四分相不是也差不多是在這期間？

達比：對於那些大約一九五〇年出生的人來說，是的。一九五〇年後出生的人會較早經歷，一九五〇年前出生的人會較晚經歷。

同學：天王星對分相與土星對分相。

達比：在其中的某個時期，四十至四十二歲之間，二推月亮產生對分相。在我們踏入四十歲的前後，許多循環都來到交錯的一刻，如果我們覺得這一年生日有點讓人氣餒的話，或許那並非意外，如果有人好像不受影響，那可能才是意外。我們再一次處於一個看似是反叛期的階段，而這一次的挑戰比較非關父母、或是母親，而是當時與我們最親近的人。

　　如果剛好有青少年期的子女同樣處於循環的這個階段，那就特別有趣了。子女們正在第一次對分相，並從父母所不知道的世界中尋找情感的滋養；同時，父母則從子女出生時刻的對面（對分相）中去尋求養分。因此，父母與孩子對彼此來說都是新的人。對那些有安全感的人來說，這可能是一次令人愉快的重新發現，並且彼此打開對方的人生；對於那些沒有安全感的人，不管是在那階段還是一般時刻，都可能讓人感到困擾或害怕。而對於那些沒有子女的男女，這通常為他

們帶來內在衝突，釋放過去及其中的渴望，並展開未知及不曾預期的未來。

再一次，像是一個人的靈魂被拋出身外，而你必須出發去找它。你不會在內在已然建構的熟悉領域中找到它，回到記憶中的第一次對分相，可以幫助你認清當時行動背後的感受，讓你理解自己走到了哪裡。當時發生的事情，由行運外行星與你個人行星之間的互動，以及其他行星的推運所描繪，而這個推運的狀況則由非常不一樣的行運及推運刻劃。

第一次對分相時，你與母親之間的關係受到挑戰；這一次，或許會有一點相同的狀況。但在這年紀，一個人最親近的人通常不是母親，如果是的話，那將會再次發生同樣的挑戰——有一種渴望，想要從個人的深層自我得到自由，一種想要延伸自我、進入未知的需求。對於我們其他人來說，也需要接觸未知領域。

此時建立的人際關係將呼喚你已經沉寂多時的部分，在土星回歸或之後做出的選擇，其中所附帶的生命需求、責任及要求，都會以某種特別的方式流入情感本質中。在月亮對分相期間，你的情感養分似乎從日常活動中逐漸流走，而此時遇到的人會讓你渴望得到新的經驗。在二推月亮對分相與接下來的土土對分相之間，會決定你將如何進行。

同學：我上星期打電話給你之後，你告訴我這次講座討論的內容，我列出了所有二推月亮循環與土星循環的強硬相位日期。正如你今天一路討論的，我注意到我似乎都慢了一點。我可以將你所說的內容與每一個轉折連結起來，但時間不完全準時。那些讓我展開新階段的人都是在相位發生之後才進入我的生命，有時候甚至是正相位之後的一到兩年。

達比：我知道這似乎是這樣，我也小心仔細的觀察過，我跟你一樣看到某些重要的人際關係或狀況，有時候會在強硬正相位發生的當月之後一年、甚至兩年才發生。我們在這裡處理的是月亮，而它有很長時間只有一半光芒甚至更少；但如果你記錄正相位當月所發生的事與遇到的人，之後回首，可能會看到此時有一些情感發展的軌跡會在之後越顯光芒。過去與現在某些時刻以特別重要的方式相遇，那個轉捩點為你打開內在發展的新階段，一個你與萬物關係的新階段。大部分時候，月亮的領域都是神祕隱藏的事物，有時候這些事物被月亮的光芒華麗地照亮，但那很稀有，我們大都只能瞥見它而已。

第二次下弦四分相：修窗補牆

　　這個強硬相位大約發生於四十八至四十九歲，當天王星與本命盤位置形成 150 度相位時；土土四分相要等到五十一歲左右才會發生。但這些星象之間有一些事情發生了，這些事情可能會給我們線索，知道此階段的人生旅程是關乎什麼。

同學：或許這個月亮四分相是為了迎接你的五十歲所做的準備，而土土四分相則透過某個嚴酷現實去確定它。這就像是月亮四分相時公車上孩子讓座給你，但一直到土土四分相，你才注意到他們開始幫助你過馬路！

同學：你住在哪裡？有這麼俠義心腸的孩子？

同學：我只是比喻。

達比：但我認為你的話滿正確的，五十歲時有什麼占星星象發生？

同學：凱龍星回歸。

達比：是的，五十歲是我們的凱龍星回歸的時候，它在月亮下弦四分相及土土下弦四分相之間。個人在日常生活中經常無法察覺月亮層面所發生的事，卻比較容易認出土土四分相所發生的事，可能是因為它讓人明顯地感覺不舒服！凱龍回歸是生命一次重大的轉捩點，它似乎同時證實了生命的有限及無限，以此方式讓人卡在衰老與再次年輕的感覺之間。

同學：它讓你知道你有多脆弱，同時又啟動你的發動機，至少對我來說是這樣。除此之外當時沒有其他星象發生，使我能夠真正體驗它。我記得那時在想，凱龍的創傷應該只是讓我們知道生命有限或

之類的東西，但當我真切了解生命有限、同時突然感覺到自我的永
恆，這敲醒了我，讓人非常興奮。

達比：你記得在這之前二推月亮的強硬相位嗎？

同學：記得，我今天來這裡之前就查了，那大概是我五十歲生日的前
一年，前一次二推月亮四分相的前一個月，我女兒生下了她的第一個
孩子，我當祖母了。

達比：過去與現在結合在一起，為你開啟了生命的新階段，這階段讓
我們回到上一次相同相位，也就是約莫二十一歲時，我們走進所謂
「世界」的場景，因此自然而然地捍衛自己的靈魂，即便這是表面意
識之下的深層防衛。而這一次也是差不多的過程，但也許可以說，這
次是回到內在的居所，重修或更新我們與靈魂之間的關係——活在永
恆與時間之中的自我。你們是否可以告訴我，這如何描述捍衛內在自
我的需要？

同學：不知道這件事是否與此有關？我記得我非常、非常注意，必須
小心地跟女兒、她的老公以及他們的孩子建立正確的關係。我已經見
過太多女性從一開始就搞砸了，裝作想幫忙卻只是礙事，提供不需要
的建議並且以各種方式干擾。我在心裡跟自己說：「冷靜點、慢慢
來。」或許我是以此方式在內在表現這個階段。我的本命月亮在第八
宮，二推月亮當時在第五宮，我知道我很容易察覺到別人心中的深層

感受，因此完全沒有留意別人想要我或需要我做些什麼。

達比：這些強硬相位往往與人際關係的事件同時發生，它們不一定是兒孫誕生這種大的經歷，而且它們通常在事後看起來更清楚。這種轉變時刻展現在某些人際關係的變動中，讓我們的內在自我知道重新定位正在形成。個人自然傾向於回歸內在世界，去檢查容身之所的牆壁，確保容身的環境是舒適的。然而，這內在居所的窗戶也很重要，它們必須還是可以打開去面對生命的不可預測性。大約七年後，將會發生第二次二推月亮回歸。

第二次二推月亮回歸

　　二推月亮在大約五十四歲時再一次回到其本命盤位置，而第二次土星回歸則需再等四到五年才會發生。我們知道第二次土星回歸需要非常小心地檢視自己的生命結構，並以某種方式為老年做好準備，依照我們的本質、從內在或外在產生這種需求。

　　有一些人需要事情發生，以某種方式去讓自己知道必須為老年做好準備；發生的方式各有不同，而每個人都有各自面對這個衝擊的方式。有些人不需要外在事件去引導他們面對生命的有限，他們對內在變化相當敏感，能夠察覺到這些變化指向什麼地方，以及必須注意什麼。

通常發生在第二次土星回歸四到五年之前的二推月亮回歸，會為
你與身邊的人帶來新的情感關係，這可能再度呼應兒孫的出生。不論
你此時遇到怎樣的情感經歷，它都為你的餘生做好準備。此時你有時
間去慢慢習慣，因為土星四分相尚未到來，你似乎可以慢慢習慣進入
與生命之間的嶄新關係。

我有一位最近喪母的朋友正經歷她的第三次二推月亮回歸，她這
一生經常被母親激怒，但她告訴我喪母是多讓人心碎的經驗。如果你
的母親在你整個成人階段，甚至直到你老年的初期都還在世，我可以
想像她的心碎。

關於這階段我沒有太多東西可以講，當然，因為我多年前就已經
開始執業，因此我有客戶已經度過了第二次二推月亮回歸及土星回
歸。但我尚未像關注土星那樣去留意其中的月亮層面，因為月亮與感
受有關，在我自己經歷它之前，我不認為我可以觸及這個主題，而我
也還沒到這階段。

我只知道這是情感層面上的重生，你已經完成了你情感生活的整
個循環，你的靈魂也已經準備好以新的方式，與時間和永恆建立關
係。你可以透過想像力讓自己回到前次二推月亮循環、回到出生那一
刻，記住這些時刻，能夠讓你理解自我，並及時擁抱靈魂生命的下一
個階段。如果你能夠注意並以敬畏之心去觀照，這讓你有機會擁抱
一段帶你進入老年的情感關係，它是讓你回到永恆的入口。回溯時

間，你可以回到源頭，並打開通往更深根源的大門。

　　這次我不打算討論第三次的循環，但我會說一個我好友的故事，她八十四歲，最近剛離世。她的第三次二推月亮回歸在天秤座，那是她過世前幾年的事，她是射手座，不論身體還是心智上都是一位很棒的旅行者。我們當時檢視了她那一次二推月亮回歸的所有相位，看起來都不錯，所以她決定要去中國走一趟。她是一位畫家，一直很喜歡中國，她說這可能是她可以一個人出遠門的最後機會了。

　　因此，她出發了。而當她回來時，我們談及這次漫長的旅行，對她來說感覺像是為死亡做準備，而死亡是一段更長的旅程。在此之後，她做的許多事看起來就像是最後一次，她甚至創作了一張以日落為題、讓人讚嘆的拼貼畫，她說這應該是她最後的作品了。當死亡最終前來，雖然她一直做好準備，但仍然與之奮戰許久，當時我為此感到難過，因為她在這個過程中吃了很多苦。但現在我學會了，我們每個人都擁有與死亡的關係，如同我們與生命的關係一樣；如果我們想要評斷另一個人所有關係的好壞，那就像是想要扮演神一樣。

　　每一次的二推月亮回歸都是一場誕生，在我朋友的例子中，第一次二推月亮回歸呼應了第一個孩子的出生。我不太確定她的第二次，現在不記得當時的細節，但第三次二推月亮回歸將她帶到了她所能想像的最遠之處，並孕育了一個想法：她所能想像的最漫長的旅程——也就是自己的死亡。

　　在二推月亮回歸時，她已經開始在情感上做好準備，當二推月亮
經過天蠍座時，她經歷了很多失去及恐懼。當時她跟我說：「我正
在地獄裡面。」我很討厭看到她那麼痛苦，所以我說：「你的二推
月亮正在天蠍座，或許你是在煉獄之中。③」她想了想，說：「或許
是。」她在二推月亮剛進入射手座時過世，相當平靜地離開，她飄離
了身體，回到自己的根源，於我們而言，那便是永恆的領域。

---

① 此電影英文名為 Awakenings，意思同樣為覺醒。

② 《聽啊！天使高聲唱》（英語：Hark! The Herald Angels Sing）是首聖誕節慶的頌
歌。

③ 地獄（hell）跟煉獄（purgatory）的分別，在於地獄所指的單純是亡魂居住之地，
煉獄則是羅馬天主教的概念，他們認為煉獄是一個中途站，讓亡魂彌補生前所做
的壞事，好讓他們最終能到達天堂。

第 9 章

個人星盤

An Individual Chart

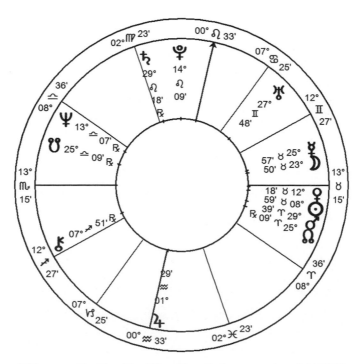

海倫，1949 年 4 月 29 日，下午 5 點 50 分（15:50GMT），約翰尼斯堡
（Johannesburg），南非（26S15, 28EOO），柯赫（Koch）宮位制。

　　現在讓我們看一個女性的本命盤，並追蹤她至今經歷過的二推月亮循環。她現在四十五歲，我稱她海倫好了。

　　我們於一九七六年時在南非相遇，她最近來倫敦探望我，在她停留期間，發現我們是相遇在她的二推月亮回歸當月，這讓我們想回溯她的二推月亮與本命月亮形成強硬相位的時間，很自然地這也帶入土星循環的討論，因為她的本命盤中有月亮／土星四分相。她的記性相當好，可以記得人生事件發生的日期，很多時候也都能夠記得二推月亮或土星循環強硬相位確實的月分或相近的時間。當我問她可不可以在這場講座使用她的星盤時，她同意了。

　　一方面，她本命盤的月土四分相會讓我們更容易看到月亮循環與土星循環之間的關聯；但另一方面，即使他們沒有本命盤的相位，你還是看不到這兩個循環是如何產生關聯的。但我希望這能夠鼓勵你們在自己的本命盤中追蹤這兩個循環，讓觀察兩者之間的連結成為你觀察星盤的基礎。

　　讓我們先看一下這張星盤，海倫的太陽、月亮、金星與水星皆落在金牛座，她的月亮在第七宮宮首與水星金牛座合相，太陽在第六宮，四分相落在星盤最底部的木星水瓶座，而它非常接近剛好落在第七宮宮首的金星。

　　日金合相四分相第十宮的冥王星，金星落在金牛座，同時是太陽

金牛座的守護星，與第十二宮的海王星形成 150 度相位。上升天蠍座，而冥王星是此張星盤的超個人守護星，同時也是這張星盤中位置最高的行星；月亮合相第七宮的水星，它們同時與第十宮的土星四分相。星盤的個人守護星火星在牡羊座第六宮、三分相土星、四分相木星。

同學：她的火星與金星都在自己守護的星座，而金星在守護宮位之一的宮首，它們一定描述了一個強大的故事。

達比：它們的確是。火星的狀況不錯，三分相土星同時六分天王星、四分相木星，所有家庭成員都有火木相位，這似乎代表了家庭背景中動盪不安的本質。她的父母是逃離納粹德國的德裔猶太人，當海倫與她哥哥出生時，一家人才剛到南非。第七宮宮首的金星金牛座四分冥王星，在她還是嬰兒的時候，她的父母深陷個人危機，而在她成年後，這些行星清晰地表現了自己。她非常大膽並富有冒險精神，有時甚至是魯莽。她在非洲荒野待了很長時間，探索內在與外在的各種領域，而這是她人生非常快樂的一面。她是真的從冒險中得到快樂，而且從不害怕艱辛的長途跋涉——我的意思是她不會因為那一次旅程有很多困難的工作就退縮。她的感情生活一直很艱難，曾經有過非常激烈、似乎註定不會長久的關係，也曾在重要關係之中存在長期差距，就如她所說的：「這是一門很難的功課。」

　　她有一個出生於一九四七年的哥哥，她出生於一九四九年，出生

十八個月後，她爸爸愛上了別人並離開了家，她的月亮、水星與金星全部都在第七宮，因此，所有發生於她母親、哥哥、以及當然還有她父親的事情——太陽與金星在這一宮合相——都強烈地印記在她嬰兒時的身體及心靈之中。

　　第七宮的月亮告訴我們，母親照顧她的能力取決於她與丈夫之間發生的事情，無論好壞，但這孩子都與父母之間的感情糾葛在一起了。而她是父母關係中的其中一個因素，她的父親只離開了幾個月，但我想她母親當時的感受一定給她留下了非常深刻的印象。她的月水四分相土星告訴我們，母親或許因為社會因素而一直壓抑自我感受的表達，這孩子不僅感受到它們並深刻地受此影響。

　　無論如何，他回來了，而他們繼續走下去，整體來說他們最終似乎有一段不錯的婚姻。但在海倫出生時，他曾經感到非常迷惘，海倫的太陽與金星四分冥王星，她出生在父親處於非常黑暗的時期。他背負著非常可怕的失去——因為納粹大屠殺失去了所有家人，而最近則是個人的迷惑與失落，不管是人生、工作、家庭還是婚姻，他都不知道自己的立足點在哪。他是巨蟹座、月亮雙魚座合相天王星於第四宮，他有六顆行星在水象星座、上升天蠍座，你們是否可以想像他當時有多失落？

　　她的母親在這個新國家非常不快樂，除了寂寞，她也覺得自己跟周遭環境毫無關係，她有很多行星落在第十一宮，水星摩羯座在第十

宮，她有強烈的意識，知道別人在想什麼。而她剛來到這個國家，有兩個幼小的孩子，丈夫又離開了她，海倫在第七宮的行星以及它們的相位都告訴我們，她吸收了大量父母的創傷。

她告訴我，她十八個月大時拿了一瓶安眠藥並吃光了它，當告訴我這件事的時候，她大笑著說：「我十八個月大就想要自殺了。」她不記得這個意外，但她的母親當然記得，她似乎昏迷了三天，你們想像得到她的母親當時有多恐懼？這孩子的本命月亮在第七宮，所以你可以清楚看到她與父母之間的關係有多麼深層的連結。此時，海倫的二推月亮正在第八宮，她的母親正深陷於婚姻危機，同時也有財務的問題，而她十八個月大的女兒差一點自殺，這小孩以極端的方式反映了她母親的恐懼及壓力。

同學：你知不知道她母親當時二推月亮在哪裡？

達比：我不記得確實度數，但我知道是在第十二宮。她母親的本命盤有月亮／土星對分相，而她的孩子本命盤也有月土四分相；兩人的土星都在獅子座——母親的土星在第五宮，女兒則在第十宮。當時的感受並沒有直接地被表現出來，但卻是以這種比較黑暗、戲劇化的方式呈現。

同學：我想多問一個關於日金四分相冥王星的問題……

達比：我知道你想問這個問題，但我想先專心揭開她的故事，我會試著在過程中間接、而不是直接回答你的問題，因為我展示這張星盤並不是為了揭穿其中的祕密，而是為了讓你們看到一個人如何透過二推月亮循環與土星循環而發展。

幾個月之後，她的父母重修舊好，自此之後都在一起，而在他們的婚姻過程中，也逐漸地交流彼此的情感和想法，二人之間的黑暗面很少再以直接影響海倫的方式被揭開。

當她六歲時，**二推月亮**在獅子座第十宮，這是二推月亮的第一次強硬相位，與第七宮的**本命月亮**形成四分相。我問她當時發生了什麼事，她說大約在正相位前一個月她開始上學，我問她喜歡嗎，她說：「我愛死上學了。」在這強硬相位幾個月之後，她的二推月亮合相土星，我問她是否記得當時與母親之間的任何事，她說：「我不記得任何事。」我等了一下，思考如何找出反映這個二推強硬相位的方式，因為她的情況涉及了土星。然後她說：「我只記得一件不太好的事，當時我有兩個最要好的朋友，經常玩在一塊，但他們兩個會彼此針對，我經常各自與他們兩個人在一起，直到有一次剩我一個人，他們兩個一起孤立我，並威脅要折磨我。」她告訴我他們威脅要做什麼，但在這裡我不想用這個吸引你們，她記得當時害怕極了。

正如剛剛所說，她的父母都是猶太難民，年輕的他們一起被父母送走、逃離納粹德國，但其他大部分家人都在納粹大屠殺中被殺

害。當她告訴我那個受折磨的威脅時，這讓她想起了其他事情，她記得某個暗藏的恐懼毀了她上學的第一年：她父母很明顯是德國人，但他們的家人看起來都不像猶太人，她很害怕如果其他人認為她不是猶太人，就會以為她的父母是納粹黨——那麼，她就是一個納粹黨。我們都忘記了有時候孩子們的思考、感受的深入程度，也忘記了他們從大人的對話中接收了什麼資訊，不是嗎？我們吸收周遭事物、納入心靈的方式，塑造了我們每個人。當時她沒有告訴任何人這件事，我們可以看到日金四分相冥王星在此產生共鳴。

　　她說那個折磨人的威脅給她「留下深刻印象」，但其餘時間她都過得滿快樂的，她的月亮四分相土星，而擁有這相位的人一般都不太會表達，甚至不太知道自己的情感波動。他們成長的過程都必須壓抑情感的自然流動，因此必須挖掘那些痛苦的事情好讓他們記得。她說，儘管有這些黑暗的回憶，但她覺得上學就像是做回自己一樣，她說：「離開了家，我就有自己的人生。」離開家，離開母親經常的存在之後，她開始建立自己的人生，當中涉及了與別人的關係。你可以看到木星水瓶座在星盤根部，在她很小的時候就開始帶朋友回家，讓他們的活力注滿家裡。她在不同時間與不同的孩子們在一起，尋找自己的族群，為自己的靈魂挖出一個容身之所。

　　在二推月亮四分相一年之後，**行運土星與其本命位置四分相**，土星在此描述了自我在世界上的發展，追求專精的渴求發展出自我尊重、同時也贏得別人的尊敬。她說她清楚記得這個土土四分相，她當

時寫了一篇文章，並為此感到非常興奮，她很確定這篇文章會入選並刊登在校報上。然而讓她震驚的是，她最好朋友的文章被選中刊登了，而她的卻沒有。我問她寫的那篇文章是關於什麼，她已經不記得了，但她記得朋友所寫的那篇題目為：「老鼠太太」。

同學：那種震驚一定是在行運天王星通過與出版有關的第九宮，並且與本命天王星形成半六分相時發生的。

達比：差不多，那個半六分相發生在幾個月之前，現在天王星已經進入獅子座，並對分相她第四宮的木星，這是一樣的主題。無論如何，她當時做了一個重大決定，就在她七歲的時候，她說：「我決定了，我永遠都不要被注意，永遠不要讓這種事再次發生。」你們是否注意到這些上升天蠍座的人所做的決定有多麼強大？當他們在情感上做出決定時，背後往往會有一股這種力量。

　　她告訴我一直等到土星再次回到天蠍座，也就是二十九年之後，她才覺得自己有能力去放下這個決定。她描述自己當然一直想要被注意，但她潛伏了非常久才意識到這一點，我們之後會再探討這一點。我想七歲當時的力量與決定一定非常強大，因為行運冥王星同時也合相了她的土星！當我們同時觀察其他星象時，你就會明白到事情是如何被拼湊起來的。

　　下一階段在她十二歲半時展開，她的**二推月亮**來到天蠍座，並與

本命月亮金牛座**形成對分相**。在她人生早期，二推月亮移動得非常快，她告訴我當時經歷了與母親抗爭的激烈反叛期，她說：「有一天我看著她，就開始討厭她了。」

她形容那是發生在一瞬間的事，當時自己正在花園，一件園藝工具不見了，她的母親責備她，她知道自己根本沒碰過，希望園丁確認這一點，但園丁害怕自己被責備，因此拒絕支持她。她母親相信園丁，繼續斥責她的其他事情，她的髮型、衣著，她的母親說她在鄰居眼裡看起來很糟糕。她那時把頭髮染成了橘色、綠色還是其他類似的顏色，畢竟那是一九六一年！海倫看著母親，心想：「妳再也無法控制我了」，她背離了母親。然後，十四歲時，**行運土星對分相其本命位置**——從第四宮水瓶座對分相第十宮的本命土星獅子座，她說：「我變得非常惡劣」，學校的某位老師喝斥她，她覺得被攻擊了，她看著那個男老師，心想：「你也不過是一個人，沒有任何特別；而我也是一個人，根本不需要聽你的。」她打從心裡不再尊敬權威，此時她只會從朋友之中尋求認同及尊敬。

這一刻，這個人極具魅力及優雅，但這還不是她最具魅力及優雅的時刻。在那之後不久，她轉校了，她覺得自己就像被解放了。當時天王星正三分相她的太陽，同時二推太陽也合相本命月亮，她說她覺得超棒的。

一九六八年年底，她的**二推月亮**水瓶座與本命月亮**形成下弦四分**

相、快要與第十宮獅子座的土星形成對分相。她寫了大學申請信並被
錄取了，她選修戲劇，我對此感到非常意外：她的土星在獅子座第十
宮、四分相月亮，同時也四分相水星；上升天蠍座，而她成了戲劇系
學生，我說：「什麼？」她說：「我知道，這很怪。」

同學： 或許她想要在自我否定中尋求認同，這個念頭需要在某處再次
浮現。

達比： 的確。但是，這個再次沒有一個很好的結果，她自述那是她生
命中最寂寞的時期，我看了當時的主要行運──行運海王星在天蠍
座 24 度，不但對分相她本命盤的月水合相，同時觸動了與之四分相
的第十宮本命土星。她人生早期決心永不受人注意的念頭與想要得到
關注的渴望背道而馳，她描述當時就像是溺水一樣，她說：「我當時
或許想自殺，但我沒有那個膽量。」這對於我們其他人來說是件幸運
的事，否則這對許多人來說都是損失，雖然當時的她並不知道這一
點。她當時正在二推月亮四分相本命月亮的階段，二推月亮即將回到
本命位置，如果你們記得的話，這是當外在需求開始召喚，而你的靈
魂尋找自我保護方式的時候。她在戲劇學校的歷練將她拉回內在，去
找一個相對安全的地方，但是她人生早期的環境相當嚴峻，因此很難
找到這樣的地方，因為對於這一生來說，內在的家庭領域並不令人感
到舒適自在。

　　不久之後，**土星進入第三次強硬相位──下弦四分相**。在她的

星盤中，這代表土星在她月水合相的位置，並四分相本命土星獅子座。她從戲劇學校退學，在一九七一年十一月，此正四分相的六個月之後，她開始接受護士訓練，第六宮的太陽開始綻放光芒。幾個月之後，她認識了一個男人，墜入愛河，他們開始同居，她的二推月亮進入第五宮、邁向二推月亮回歸；土星現在在第八宮，這段關係維持了三年半，結束於一九七五年年中，關係的最後一年非常痛苦。當她完成訓練之後，她出發前往澳洲，土星正於第九宮行運，而她在那裡找到一份護士工作。她的二推月亮合相太陽，接下來是金星、然後四分相冥王星，她在澳洲度過了糟糕又寂寞的一段時間，慢慢轉變成嚴重的飲食失調症狀。

　　那一年六月她的二**推月亮回歸**，也就是在那個月我們第一次相遇，基於各種原因，對我倆而言這都是一場重要的相遇。因為這是她的二推月亮回歸，因此是情感的重生時刻，她已經完成了整個情感經驗的循環──由她的條件造就，但是更深層的情感。我們不只是處境之下的產物，我們也會回溯長久的過去，去證明我們不受限於現況。她已經完成了這一整個情感經驗循環──這塑造她的生命、賦予她故事的循環。現在她要再次出發，而這一次的故事會自她展開，她將參與故事的書寫。

　　當月她所遇到的人剛好是我，一個在當時南非極罕見的占星師，她透過占星學看到一個世界並為之著迷。她記得我們見面的日期是一九七六年六月八日，她水星回歸當天，月交點正在她的上升／下

降軸線，南交點在下降點金星的位置，木星在金牛座並即將在一個月內合相她的月水合相，我們在一家餐廳內相遇。

同學：當然是在餐廳。

達比：為什麼？

同學：那麼多的金牛座。

同學：也有可能是在牧場。

同學：或花園。

同學：因為月水合相，也可能是非常精緻的火車。

同學：一列非常精緻的火車餐車廂，停在田野上。

達比：如果是一列非常精緻的火車餐車廂也是不錯，南非有一些非常漂亮的列車，但事實上我們是在約翰尼斯堡一家非常好的希臘餐廳相遇。而那個水星，她是她哥哥介紹給我認識的，這有滿足你們的好奇心嗎？她哥哥是我的朋友，而她當時剛從澳洲回來，他希望我們見一面，他覺得我們會喜歡彼此。所以我們見面了，在一餐希臘料理中度過了美好時光並展開友誼。

同學：你們吃了什麼？

達比：我的月亮不在金牛座，我可以問她，她可能真的會記得，她確實會記得與食物有關的事，因為當我們回憶這次相遇時，她跟我說：「妳當時沒注意到我沒有吃東西，對吧？」我的確是沒留意，我當時正專注聆聽她對澳洲的印象，並享受她表達自己的方式。她後來告訴我她當時有著嚴重的飲食問題，從她在澳洲時就開始了，並一直困擾她很多年，在我們剛成為朋友時一直持續。但是她非常保密，就像七〇年代的人們，在七〇年代，厭食症與暴食症都尚未被認同，至少在南非是這樣；再者，她的上升天蠍座及月土四分相，天生就非常守口如瓶。

　　此時她成為助產士，並開始跟那些整天把占星學掛在嘴邊的人們混在一起，她也慢慢以月亮第七宮的方式學習。兩年之後她的**土星回歸**，在這兩年之間，她的二推太陽與二推月亮也走在一起了。

　　那是一九七七年八月的事，它們在雙子座 6 度合相，當這個相位發生時，她開始與一個稱為「生命線」的組織合作，你們知道生命線嗎？這是一個讓有壓力困擾的人可以打電話去的地方，而你是電話另一頭回應、同理的聲音。

同學：我們有撒瑪利亞會（Samaritans）。①

達比：當然。在二推日月合相的幾個月之後，她的二推月亮進入第八宮。當二推月亮第一次進入第八宮時她差點自殺，第二次進入第八宮，她加入了一個團體，致力於幫助想要自殺的人們。一九七八年八月，也就是土星回歸之後一個月，她出了一場意外，她的汽車橫跨高速公路，轉了六圈，整輛車倒掛在樹上，這對車上所有人來說都是一場可怕的經歷，但沒有人因此喪命。她斷了腿，還有其他地方受傷，為此在病床上躺了三個月。火星牡羊座四分相木星的她感到焦躁無聊，所以我拿了一些占星書給她，就如她所說的，她很想花時間真正好好掌握這一門語言。

那是占星學真正展現在她面前的時刻，你們大部分人應該很清楚那個時刻，你讀了某本占星書，然後「砰！」就上勾了。我有沒有提到當時天王星天蠍座正在她的上升點？沒有？我覺得這很應該被提到，這很完美不是嗎？

在那之前，她一直很享受我們的對話，但這之後不一樣了，那三個月我沒有一直在她身邊，所以我不太知道當時發生了什麼事。但在一九七九年初我注意到了，在那之前我可能會講一些占星學內容，然後她會說：「那是什麼意思？」但在那之後，她會說一些像：「這不是很有趣嗎？他的太陽四分相月亮、對分相木星，而他又移居到別的國家了。」從那時候開始，她開始用這門語言說話，並使用它去理解他人與自己，並用它去理解自己的情感生活。

　　在土星回歸一年之後，她加入了一個致力於個人成長的組織，這在當時的南非漸趨流行，而她也參與了。自一九七五年結束那一段關係之後，她就再沒有與任何男性建立重要關係，我與她成為親密好友，而透過我們的友誼，她打開了占星學的大門。但在一九七九年底，我的人生引領我到其他地方去了，她認為這是一種失去，當時感覺被背叛；然而，此時她已經開始客觀地觀察自己，並看到自己的人生在親密關係中的模式。因此她展開一段旅程，為她帶來新志業、新的人際領域，她遇到了某個人，這個人慢慢成為她非常親密的朋友，她與這個人分享各式各樣獨特的經歷。

同學：我的月亮在第七宮雙子座，我似乎一輩子都為最親近的人際關係而活。我在一段關係中快樂或悲傷似乎都不重要，但只要我沒有一段關係，我就會感到傷心寂寞，我以為那是因為雙子座的關係，但我猜這對她來說是否也是一樣？

同學：她的確有月水合相。

達比：我認為這只是月亮在第七宮而已。一個人的靈魂生活是因人際關係而活起來的，人誕生在這物質世界，適應自己與別人之間的波動；當月亮與土星或冥王星形成相位時，那麼很自然地，這個人此時的情感生活看似枯竭了，然後他可能要去努力、或等待新的人際關係展開。當海倫發展占星覺知時，我從她理解自身經歷的過程中學會了這一點，她有能力清楚表達自己的感受——月水合相、三分相木星水

瓶座——就在她開始理解占星學的時候。最近她跟我說：「人際關係於我而言就像嶙峋石地，但我慢慢發現我可以用自己天生自然的方式行走於上。」對於月亮金牛座四分相土星來說，這不是一個很豐富的意象嗎？

一九八三年六月，她的**二推月亮**來到獅子座、與本命月亮金牛座**形成上弦四分相**。此時，她已經非常融入那個組織的事務，基本上可以說是在運作這個組織了。她參與培訓，雖然本身不是教練，但她透過友誼遇見了一整個新世界的人。至於一九八〇年遇到的那個朋友，此時他們之間已經建立了深厚的關係。

如果我們回顧她的二推月亮第一次進入這個位置，當時她六歲，我們看到這是一個她交了很多朋友但成為替罪羊的時期。她寫了那篇文章以及被土星傷害了，並決定不去追求知名度，這是一種壓抑靈魂並自我保護的方式

在這個階段，她運作著機構的辦公室——太陽在第六宮，管理日常事務，火星也在這一宮——而此時她想要成為一名教練，換言之，這意味著高的能見度。她還記得小時候的決定，當她在同一個強硬的二推月相階段，現在她想要被看見了，她決定了要克服童年的決定，並為此而努力：月土四分相準備好專心去處理情緒上的反應。因此，就像她跟我講的，她用盡一切努力去解除那個加諸在自己身上的咒語，並絕對熱衷於讓自己被看見，對她而言這似乎是一個極重要的

自我工作。由於她正在一個自我發展及自我覺知的機構，因此，這正是她去做這件事的時空。

她的二推月亮在獅子座，在月月四分相與月土合相之間移動：行運土星在天秤座與本命土星獅子座形成六分相；海王星行運經過射手座，與本命土星三分相。她很努力地想要重新建立回應權威人物的習慣方式，並讓自己有機會去表達自己在世俗（土星）及靈性上（海王星）的權威。

她與母親之間的關係仍然充滿困難和怨懟，但是她母親突然生病了，海倫真心覺得自己應該要照顧她。她看著自己的月土四分相，然後寫信跟我說：「這不會發生嗎？這組月土四分相！我花了一輩子想要離開母親，但現在我似乎要照顧她的餘生了。」結果真的是這樣，她用盡所有力量、心甘情願地承擔起這個責任，這條路一開始並不好走，而在此階段結束之前，她發現自己的好友開始想要從中作梗，阻止她的努力、不讓她成為教練。

她在機構中努力爬到這個她想要的職位，而她沒有排拒發生在身邊、內在掙扎的情感事件。

同學：你意思是？

達比：我意思是她沒有說：「看，我一直試著克服生命早期的掙

扎，而我媽卻生病了並來干擾我；然後現在我的好朋友又背叛我，那我怎麼可能達成我的目標呢？」她反而將這些事件都視為整個過程的一部分，把每件發生的事情都看成是平衡情感的一部分，並努力去釐清自我與他人，非常值得欣賞。

等到**行運土星**來到天蠍座**四分相在獅子座的本命位置**時，她做到了！那是一九八五年，她當時正在開辦課程，她終於被看見了，而她認為自己已經克服了童年時的決定。她一次又一次的正面挑戰她的朋友，而他們努力解決問題，最後比以前更加親近。她也真誠地照顧病弱的母親，當她們之間發生困難時就立刻解決，她成為月水四分相土星本身，而不只是因為其中的感受而影響情緒。

同學：她與男性之間的關係呢？你一直提及她與女性之間的關係，但你沒有說這些涉及性關係。

達比：她跟女性之間的友誼與性無關，而從一九七五年以來她再也沒有與任何男性建立性愛關係，在那些金牛座行星之下，她對此變得非常實際，決定不讓它發生，因此她很享受生命帶給她各種關係的可能性，友誼是她豐富的養分來源，同時她也滋養那些與她建立友誼的人。我想我不曾認識過一個像她那麼實際的人，當然她不是我們海王天秤座的世代——渴望完美性關係的世代。但是在某程度上，算是老派的人，而她讓友誼變成一件相當獨特的事情。

　　我們可以從心理發展的角度去看這張星盤，這樣我們會以非常不同的方式去追蹤它。我現在正以她的方式去觀察這張星盤，而她的處理方式讓她成為她自己所見的樣子，我們正在看著她自我檢視的過程，而不是讓我們去檢視她的過程。

　　此時她已經成為教練，同時也運作那個機構，但這時候她的二推月亮來到了對分相。第一次對分相顯示她初次真正反抗母親，以及她決定不要成為權威，這一次，她成了權威本身。然而，就在二推月亮即將與本命位置形成對分相之前，她發現機構中正在發生一些她不喜歡的事情，她無法接受，也無法改變，所以她離開了。她已經成就她所尋求的認同，現在她也意識到在這機構中無法被滿足的需求，她反抗並離開了，想要從新世界中尋找情感的滋養。她回去當護士，並在產房工作，二推月亮當時在天蠍座，她在產房工作，同時也擔任助產士，為她的朋友及那些尋求她服務的人們助產，這是很棒的月亮天蠍座的事。

　　在二推月亮對分相本命位置並四分相土星之後不久，她的一個好友罹癌過世了，這段時間她尋求心理治療的幫助。她母親的狀況變得非常絕望，她的父親離世了，而雖然她的母親住在養老院，但她仍然承擔她的情感責任，偶爾她還是會因為對母親的憤怒及抗拒而感到掙扎，但同時也開始以成人的方式、用責任及意志去愛母親。

　　當她的二推月亮進入射手座，她斷絕了過去十年左右她最親密的

女性情誼，仍然沒有和任何男性建立關係，她告訴我當時她決定試試，是不是與女性的性關係才是她所缺乏的滋養。她說：「我嘗試了，也接受過，但沒有用，所以我只好放棄。」

在二推月亮對分相與接下來的四分相——即與本命位置下弦四分相之間，她有機會深入地認識自己。她大部分時間都是孤單的，但她慢慢重新發現了對冒險的熱愛——二推月亮在射手座，這成為一項資源——落在第一宮與第二宮。她嘗試了各種事情，並發展自我成為各種自我覺知技巧的老師，她接受有體重困擾的人的諮商，並為遭遇各種恐懼與壓抑的人組織團體。她開始結識新朋友，並和人們去健行，學會了新的內在與外在技能。

當二推月亮進入摩羯座第三宮時，她在一個新社區買了房子，她以前從未擁有過房子，她在一個不熟的社區找到它——第三宮的反應。到一九九三年底，當**土星**在水瓶座第四宮、**對分相原本的位置**，並且與本命月水合相形成四分相時，她在家中建立，並展開一種稱為「轉變遊戲」的東西。她受訓成為為他人運作遊戲的人，這是一種在棋盤上玩的遊戲，但以這樣的方式展開，從中產生的洞見可以產生心理和精神上的轉變。

當她今年七月來倫敦探望我時，二推月亮剛進入水瓶座，合相第四宮的木星，還有兩年才會來到下弦四分相。她說：「上一次經歷四分相時，我非常的孤單，直到最近我才真正深刻地學習到，我一直在

要求別人來滿足我的情感需求，從某種程度來說，月亮七宮的我就是這樣。但我也學會了與孤獨共處，有時候這能夠填補某種情感需求，孤獨變成獨處。我總是覺得是別人切割我，現在我知道其實很多時候是我切割別人，我需要讓自己從與別人之間的交流中切割，去尋找自我以及與生命之間的流動。」

這一次看到她的時候，我可以感受到她所經歷的轉化，我過去曾經見過她的轉變——上升天蠍座、日冥四分相——每一次它都會走得更深入。她仍然沒有任何的性關係，她說：「我仍然沒有辦法拆解這一題，或許我永遠無法拆解，但我現在不覺得自己因此與生命切割。」她說：「這個日冥四分相與月土四分相已經是屬於我的了。」

我讓大家看這個人的月亮循環與土星循環的經歷，是因為我喜歡她處理人生的方式，也喜歡她運用占星學的方式。占星學是一門非常簡單、非常優雅的系統，只是當我們嘗試把所有層面放在一起，然後為自己、客戶和朋友分析時，它才會變得困難！林賽·拉德馬赫（Lindsay Rademacher）在剛舉辦的占星協會年度會議中主講了一場講座，她問：「你們怎麼會把遼闊的宇宙符號變成路標和路牌？」你擁有豐富的意象，然後你要把它拉下來，就為了提供現實的方向。

作為占星師的我們都有這種經驗：你觀察星盤，看到某個相位，然後心想：「那是什麼意思？」就在你把意義加諸於它的那一剎

那，你就脫離了那個可以讓我們回到意識誕生之初的象徵領域，並將那個符號象徵歸納為：「嗯，它所指的就是這個、那個、如此這般。」這種困難不只出現在為他人解讀，也出現在為自我解讀的時候。

我們尋找不同方式去表達某些相位可能代表的狀況——不論那是內在還是外在，我們清晰地表達它，漸漸地忘記了我們當時只是將該相位所反映的事物賦予文字表達。如今我們認為那個相位有它自己的意義，然後每次看到它時都如此應用，而逐漸地被困在自己的定義之中，成為僵固腦袋的奴隸。

過去這幾個小時，我們以特別的方式討論了二推月亮，我嘗試去喚起它的一些東西，但無可避免地也難以去定義它，我希望你們不會受限於定義。反之，我希望你們發展出自己的嗅覺，去探索月亮與土星彼此之間的緊密交織。

把你的目光放在你自己的二推月亮上，觀察它經過的星座及宮位，注意它與本命位置形成強硬相位的時候；觀察這個循環如何與土星循環產生互動，它們共同代表了那些一直重覆、永遠一致卻又各自不同的經歷，我們的靈魂誕生於受到時間、空間限制，卻由永恆所包圍的各種經歷中。忠實地觀察這些經歷可以展現智慧，它會滋養我們並直達共同的人性根源，而這些歷練就像是人生的阡陌，由占星星盤所揭示。

我們就此打住，感謝這有趣的一天。

---

① 此撒瑪利亞會（The Samaritans）跟生命線（Lifeline）都是為有壓力或困擾的人
提供情緒出口的電話熱線機構。

FUTURE 047
占星學中的月亮

原 文 書 名／The Astrological Moon
作　　　者／達比‧卡斯提拉（Darby Costello）
譯　　　者／陳燕慧、馮少龍
特 約 編 輯／劉毓玫
責 任 編 輯／何若文、韋孟岑
版　　　權／吳亭儀、江欣瑜、林易萱
行 銷 業 務／黃崇華、賴正祐、張媖茜、華華

總 　編 　輯／何宜珍
總 　經 　理／彭之琬
事業群總經理／黃淑貞
發 　行 　人／何飛鵬
法 律 顧 問／元禾法律事務所　王子文律師
出　　　版／商周出版
　　　　　　臺北市中山區民生東路二段141號9樓
　　　　　　電話：(02) 2500-7008 傳真：(02) 2500-7759
　　　　　　E-mail：bwp.service@cite.com.tw
發　　　行／英屬蓋曼群島商家庭傳媒股份有限公司城邦分公司
　　　　　　臺北市中山區民生東路二段141號2樓
　　　　　　讀者服務專線：0800-020-299　24小時傳真服務：(02)2517-0999
　　　　　　讀者服務信箱E-mail：cs@cite.com.tw
劃 撥 帳 號／19833503　戶名：英屬蓋曼群島商家庭傳媒股份有限公司城邦分公司
訂 購 服 務／書虫股份有限公司客服專線：(02)2500-7718；2500-7719
　　　　　　服務時間：週一至週五上午09:30-12:00；下午13:30-17:00
　　　　　　24小時傳真專線：(02)2500-1990；2500-1991
　　　　　　劃撥帳號：19863813　戶名：書虫股份有限公司
　　　　　　E-mail：service@readingclub.com.tw
香港發行所／城邦（香港）出版集團有限公司
　　　　　　香港灣仔駱克道193號東超商業中心1樓
　　　　　　Email：hkcite@biznetvigator.com
　　　　　　電話：(852)2508-6231　　傳真：(852)2578-9337
馬新發行所／城邦(馬新)出版集團
　　　　　　【Cité (M) Sdn. Bhd】
　　　　　　41, Jalan Radin Anum, Bandar Baru Sri Petaling,
　　　　　　57000 Kuala Lumpur, Malaysia
　　　　　　電話：(603)90578822　　傳真：(603)90576622
商周出版部落格／http://bwp25007008.pixnet.net/blog
行政院新聞局北市業字第913號

封 面 設 計／鍾瑩芳
內 頁 排 版／游淑萍
印　　　刷／卡樂彩色製版印刷有限公司
經 　銷 　商／聯合發行股份有限公司　電話：(02)2917-8022　傳真：(02)2911-0053

■ 2022年（民111）06月17日初版　　　　　　　　　　　　Printed in Taiwan
定價／480元
著作權所有‧翻印必究
ISBN：978-626-318-274-5（平裝）
ISBN：978-626-318-286-8（EPUB）

城邦讀書花園
www.cite.com.tw

國家圖書館出版品預行編目資料

占星學中的月亮／達比‧卡斯提拉（Darby Costello）著；陳燕慧，馮少龍譯. -- 初版. -- 臺北市：
商周出版：英屬蓋曼群島商家庭傳媒股份有限公司城邦分公司發行,民111.05
312面；14.8×21公分. --（Future；47）
譯自：The astrological moon.
ISBN　978-626-318-274-5（平裝）
1. CST: 占星術　292.22　111005570

讀者回函卡

感謝您購買我們出版的書籍！請費心填寫此回函卡，我們將不定期寄上城邦集團最新的出版訊息。

不定期好禮相贈！
立即加入：商周出版
Facebook 粉絲團

姓名：＿＿＿＿＿＿＿＿＿＿＿＿＿＿＿＿＿ 性別：□男 □女

生日：西元＿＿＿＿＿＿年＿＿＿＿＿月＿＿＿＿＿日

地址：＿＿＿＿＿＿＿＿＿＿＿＿＿＿＿＿＿＿＿＿＿＿

聯絡電話：＿＿＿＿＿＿＿＿＿ 傳真：＿＿＿＿＿＿＿

E-mail：

學歷：□ 1. 小學 □ 2. 國中 □ 3. 高中 □ 4. 大學 □ 5. 研究所以上

職業：□ 1. 學生 □ 2. 軍公教 □ 3. 服務 □ 4. 金融 □ 5. 製造 □ 6. 資訊

□ 7. 傳播 □ 8. 自由業 □ 9. 農漁牧 □ 10. 家管 □ 11. 退休

□ 12. 其他＿＿＿＿＿＿＿＿＿＿＿＿＿＿＿＿＿＿＿＿

您從何種方式得知本書消息？

□ 1. 書店 □ 2. 網路 □ 3. 報紙 □ 4. 雜誌 □ 5. 廣播 □ 6. 電視

□ 7. 親友推薦 □ 8. 其他＿＿＿＿＿＿＿＿＿＿＿＿＿

您通常以何種方式購書？

□ 1. 書店 □ 2. 網路 □ 3. 傳真訂購 □ 4. 郵局劃撥 □ 5. 其他＿＿＿＿

您喜歡閱讀那些類別的書籍？

□ 1. 財經商業 □ 2. 自然科學 □ 3. 歷史 □ 4. 法律 □ 5. 文學

□ 6. 休閒旅遊 □ 7. 小說 □ 8. 人物傳記 □ 9. 生活、勵志 □ 10. 其他

對我們的建議：＿＿＿＿＿＿＿＿＿＿＿＿＿＿＿＿＿＿＿＿

＿＿＿＿＿＿＿＿＿＿＿＿＿＿＿＿＿＿＿＿＿＿＿＿＿＿＿

＿＿＿＿＿＿＿＿＿＿＿＿＿＿＿＿＿＿＿＿＿＿＿＿＿＿＿

FUTURE

FUTURE

FUTURE

FUTURE